本书由
中央高校建设世界一流大学（学科）
和特色发展引导专项资金
资助

中南财经政法大学“双一流”建设文库

贸｜易｜冲｜突｜系｜列｜

欧盟集体诉讼的新发展及对中国的启示

潘 瑾 著

长江出版传媒
湖北人民出版社

图书在版编目(CIP)数据

欧盟集体诉讼的新发展及对中国的启示/潘瑾著.
武汉:湖北人民出版社,2019.12
ISBN 978-7-216-09879-3
Ⅰ. 欧… Ⅱ. 潘… Ⅲ. 欧洲联盟—诉讼—司法制度—研究 Ⅳ. D950.504
中国版本图书馆 CIP 数据核字(2019)第 280507 号

责任编辑:陈晓东
　　　　　李月寒
封面设计:陈宇琰
　　　　　张　弦
责任校对:范承勇
责任印制:王铁兵

欧盟集体诉讼的新发展及对中国的启示
OUMENG JITI SUSONG DE XIN FAZHAN JI DUI ZHONGGUO DE QISHI　潘瑾著

出版发行: 湖北人民出版社　**地址:**武汉市雄楚大道 268 号
印刷:武汉首壹印务有限公司　**邮编:**430070
开本:787 毫米×1092 毫米 1/16　**印张:**8.5
字数:140 千字　**插页:**2
版次:2019 年 12 月第 1 版　**印次:**2019 年 12 月第 1 次印刷
书号:ISBN 978-7-216-09879-3　**定价:**35.00 元

本社网址:http://www.hbpp.com.cn
本社旗舰店:http://hbrmcbs.tmall.com
读者服务部电话:027-87679656
投诉举报电话:027-87679757
(图书如出现印装质量问题,由本社负责调换)

总 序

“中南财经政法大学‘双一流’建设文库”是中南财经政法大学组织出版的系列学术图书，是学校“双一流”建设的特色项目和重要学术成果的展现。

中南财经政法大学源起于1948年以邓小平为第一书记的中共中央中原局在挺进中原、解放全中国的革命烽烟中创建的中原大学。1953年，以中原大学财经学院、政法学院为基础，荟萃中南地区多所高等院校的财经、政法系科与学术精英，成立中南财经学院和中南政法学院。之后学校历经湖北大学、湖北财经专科学校、湖北财经学院、复建中南政法学院、中南财经大学的发展时期。2000年5月26日，同根同源的中南财经大学与中南政法学院合并组建“中南财经政法大学”，成为一所财经、政法“强强联合”的人文社科类高校。2005年，学校入选国家“211工程”重点建设高校；2011年，学校入选国家“985工程优势学科创新平台”项目重点建设高校；2017年，学校入选世界一流大学和一流学科（简称“双一流”）建设高校。70年来，中南财经政法大学与新中国同呼吸、共命运，奋勇投身于中华民族从自强独立走向民主富强的复兴征程，参与缔造了新中国高等财经、政法教育从创立到繁荣的学科历史。

“板凳要坐十年冷，文章不写一句空。”作为一所传承红色基因的人文社科大学，中南财经政法大学将范文澜和潘梓年等前贤们坚守的马克思主义革命学风和严谨务实的学术品格内化为学术文化基因。学校继承优良学术传统，深入推进师德师风建设，改革完善人才引育机制，营造风清气正的学术氛围，为人才辈出提供良好的学术环境。入选“双一流”建设高校，是党和国家对学校70年办学历史、办学成就和办学特色的充分认可。“中南大”人不忘初心、牢记使命，以立德树人为根本，以“中国特色、世界一流”为核心，坚持内涵发展，“双一流”建设取得显著进步：学科体系不断健全，人才体系初步成型，师资队伍不断壮大，研究水平和创新能力不断提高，现代大学治理体系不断完善，国际交流合作优化升级，综合实力和核心竞争力显著提升，为在2048年建校百年时，实现主干学科跻身世界一流学科行列的发展愿景打下了坚实根基。

习近平总书记指出：“当代中国正经历着我国历史上最为广泛而深刻的社会变革，也正在进行着人类历史上最为宏大而独特的实践创新。……这是一个需要理论而且一定能够产生理论的时代，这是一个需要思想而且一定能够产生思想的时代。”①坚持和发展中国特色社会主义，统筹推进“五位一体”总体布局和协调推进“四个全面”战略布局，实现“两个一百年”奋斗目标、实现中华民族伟大复兴的中国梦，需要构建中国特色哲学社会科学体系。市场经济就是法治经济，法学和经济学是哲学社会科学的重要支撑学科，是新时代构建中国特色哲学社会科学体系的着力点、着重点。法学与经济学交叉融合成为哲学社会科学创新发展的重要动力，也为塑造中国学术自主性提供了重大机遇。学校坚持财经政法融通的办学定位和学科学术发展战略，“双一流”建设以来，以“法与经济学科群”为引领，以构建中国特色法学和经济学学科、学术、话语体系为己任，立足新时代中国特色社会主义伟大实践，发掘中国传统经济思想、法律文化智慧，提炼中国经济发展与法治实践经验，推动马克思主义法学和经济学中国化、现代化、国际化，产出了一批高质量的研究成果，“中南财经政法大学‘双一流’建设文库”即为其中部分学术成果的展现。

文库首批遴选、出版两百余册专著，以区域发展、长江经济带、“一带一路”、创新治理、中国经济发展、贸易冲突、全球治理、数字经济、文化传承、生态文明等十个主题系列呈现，通过问题导向、概念共享，探寻中华文明生生不息的内在复杂性与合理性，阐释新时代中国经济、法治成就与自信，展望人类命运共同体构建过程中所呈现的新生态体系，为解决全球经济、法治问题提供创新性思路和方案，进一步促进财经政法融合发展、范式更新。本文库的著者有德高望重的学科开拓者、奠基人，有风华正茂的学术带头人和领军人物，亦有崭露头角的青年一代，老中青学者秉持家国情怀，述学立论、建言献策，彰显“中南大”经世济民的学术底蕴和薪火相传的人才体系。放眼未来、走向世界，我们正以习近平新时代中国特色社会主义思想为指导，砥砺前行，凝心聚力推进“双一流”加快建设、特色建设、高质量建设，开创“中南学派”，以中国理论、中国实践引领法学和经济学研究的国际前沿，为世界经济发展、法治建设做出卓越贡献。为此，我们将积极回应社会发展出现的新问题、新趋势，不断推出新的主题系列，以增强文库的开放性和丰富性。

“中南财经政法大学‘双一流’建设文库”的出版工作是一个系统工程，它的推进得到相关学院和出版单位的鼎力支持，学者们精益求精、数易其稿，付出极大辛劳。在此，我们向所有作者以及参与编纂出版工作的同志们致以诚挚的谢意！

因时间所囿，不妥之处还恳请广大读者和同行包涵、指正！

中南财经政法大学校长

---

① 习近平：《在哲学社会科学工作座谈会上的讲话》，2016 年 5 月 17 日。

目　录

导　论

随着经济全球化进程加快，各类产品、服务在世界范围内销售和流通，这将可能引起居住在不同国家的消费者和因缺陷产品遭受损害的受害者向责任方提起索赔请求。同时，大规模侵权事件如火车事故、飞机坠毁事件、海事事故以及环境污染事件也可能引发居住在不同国家的被侵害者提起大规模损害赔偿请求。群体性纠纷抑或集体性纠纷已然成为现代社会各国民事诉讼领域所共同面临的一大挑战。

在以单一当事人面对单一当事人的传统民事诉讼程序无力应对群体性纠纷的背景下，群体诉讼抑或称为集体诉讼作为处理群体性纠纷的救济形式，在世界上部分国家应运而生并得以发展。集体诉讼是一个上位概念，它包含了一系列的具体诉讼形式。对于美国而言，其集体诉讼机制发展较早，主要包括集团诉讼、集团和解以及集团仲裁等制度。而对于特殊的欧盟经济体而言，在面临日益增长的现代化群体性纠纷时，欧盟及其成员国发展了一系列的集体诉讼机制。但与普通法国家相比，欧盟及其成员国的集体诉讼仍处于探索阶段。

从国内外研究现状来看，相关集体诉讼的研究主要有如下几个方面：在专著方面，相关代表性成果包括：[1]范愉教授编著的《集团诉讼问题研究》(北京大学出版社 2005 年版)。该著作分别从理论研究、比较研究和实证研究三个方面展开。第一部分理论部分，主要界定了集团诉讼的概念、各种模式和基本理念；中篇比较研究，重点研究美国集团诉讼和德国集团诉讼；第三部分是我国群体性诉讼实证研究。该著作是研究集团诉讼问题最全面的著作。① [2]吴泽勇教授的《欧洲群体诉讼研究——以德国法为中心》(北京大学出版社 2015 年版)。该著作研究了欧洲各国的群体诉讼制度，其中尤以德国法为中心，并关照到瑞典、英国和荷兰的群体诉讼。除了全面考察、深入分析欧洲各国群体诉讼制度的规则、理论及最新发展外，还从这些信息中提炼了关于群体性纠纷解决机制建构的原理性知识，对我国的群体诉讼研究方法、研究思路以及研究的具体内容都提出了自己的见解。② [3]章武生教授编著的《外国群体诉讼理论与案例评析》(法律出版社 2009 年版)和[4]《中国群体诉讼理论与案例评析》(法

① 范愉编著:《集团诉讼问题研究》，北京大学出版社 2005 年版。

② 吴泽勇:《欧洲群体诉讼研究——以德国法为中心》，北京大学出版社 2016 年版。

律出版社 2009 年版)。这两本著作都是采取专题研究与案例分析相结合的方式，通过最新资料的梳理和核心问题的分析，对群体诉讼基本问题进行阐述。并且通过对精选案例的介绍和评析，提供了一些关于外国和我国群体诉讼制度运作的具体、实证的信息。①

在论文方面，关注欧盟和欧盟成员国集体诉讼的相关研究包括：[1] 陈巍的《欧洲群体诉讼机制介评》(《比较法研究》2008 年 03 期)中提到，从各国的改革实践看，群体纠纷的发展基本上表现为两种思路，即针对重大损害的群体案件建立代表人诉讼和示范诉讼；针对小额多数纠纷，赋予特定团体或个人直接代表多数人利益提起诉讼的权利，以解决起诉动力不足的困难。在欧洲是否应当引入美式集团诉讼的问题上，作者认为欧洲是持谨慎甚至畏首畏尾的态度，也意味着美式集团诉讼的入欧之路必然充满荆棘。② [2] 钱颖萍的《芬兰群体性纠纷解决机制介评》(《清华法学》2011 年 02 期)，芬兰的群体诉讼可以分为两种类型：申请禁令的群体诉讼以及请求赔偿的群体诉讼。在请求赔偿的群体诉讼中，芬兰消费者巡视员拥有代表特定消费者群体采取法律行为的专属权利，但法院的生效判决对所有的“选择加入”的群体成员均发生效力。整体来看，这种请求赔偿的群体诉讼受到很大的限制。首先，其适用范围仅限于大众消费领域的纠纷；其次，诉权只给了消费者巡视官。这种严格受限的群体诉讼在实践中很难应对频发的大规模纠纷，这也迫使芬兰不得不在诉讼外谋求解决之道。③ [3] 吴泽勇的《论荷兰的群体性纠纷解决机制》(《河南大学学报(社会科学版)》2010 年 05 期)。由过去的团体诉讼主导到现在的团体诉讼、行政性救济与群体性和解并行，荷兰的群体性纠纷解决机制代表了这一领域的古老“欧洲传统”与最新“制度试验”的结合。通过考察荷兰的群体性纠纷解决机制，我们不仅看到了团体诉讼的功能缺陷，理解了行政性救济的特殊价值，发现了替代性纠纷解决机制(ADR)对于群体性纠纷解决可能做出的贡献，而且获得了一种对待集团诉讼的辩证角度。④ [4] 吴泽勇的《瑞典的群体性纠纷解决机制》(《法学》2010 年 07 期)从传统的行政性救济主导到现行的行政性救济与诉讼救济并行，瑞典的群体性纠纷解决立法给我们带来了多方面的启示。比如，私法救

① 章武生等：《外国群体诉讼理论与案例评析》，法律出版社 2009 年版；章武生编著：《中国群体诉讼理论与案例评析》，法律出版社 2009 年版。

② 陈巍：《欧洲群体诉讼机制介评》，《比较法研究》2008 年第 3 期。

③ 钱颖萍：《芬兰群体性纠纷解决机制介评》，《清华法学》2011 年第 2 期。

④ 吴泽勇：《论荷兰的群体性纠纷解决机制》，《河南大学学报(社会科学版)》2010 年第 5 期。

济并非群体性纠纷解决的唯一途径，行政性救济也应在这一领域占据重要地位；以中国完备的群体性纠纷机制应当允许特别法救济与一般法救济共存；群体诉讼不等于集团诉讼，群体诉讼立法并不意味着诉讼浪潮的来临。①［5］吴泽勇的《集团诉讼在德国："异类"抑或"蓝本"？》(《法学家》2009 年 06 期)，德国学者关于美国集团诉讼的研究始于 20 世纪 70 年代初期。这类研究在 20 世纪七八十年代主要集中在消费者保护领域，在 20 世纪 90 年代，则主要集中在大规模侵害领域。进入 21 世纪，德国法学家提出了一系列系统改革德国群体性诉讼制度的立法建议，其中的某些内容已经被最新立法所采纳。可以肯定的是，虽然德国法学界一直拒绝在德国引入集团诉讼，但德国群体诉讼制度的发展其实已经受到了集团诉讼的影响。对于德国法学家来说，集团诉讼既是异类，也是蓝本。②

从国外研究来看，欧盟集体诉讼整体发展进程的相关研究有：［1］Christopher Hodges 的 Multi-party Actions：a European Approach(《多方当事人诉讼：欧洲方式》，*Duke Journal of Comparative & International Law*，2001)，文章概述了争议解决机制在欧洲的发展，回答了欧洲几乎没有多方当事人诉讼的原因。第一部分总结 1993 年欧盟委员会关于替代机制的调查情况和主要发展趋势；第二部分，分析国家层面集体诉讼程序规则的当前地位和主要内容；第三和第四部分分析当前所面临的情况；第五部分比较美国和欧盟的不同做法；第六部分强调建立欧洲集体诉讼程序的必要性。③［2］Michelle Parsons 的 European Class Action(《欧洲集体诉讼》，*South Carolina Journal of International Law and Business*，2008)，文章提到，近些年欧盟各成员国开始建立集体诉讼程序立法，尽管在范围和形式上有所不同，但均为原告提供了在法庭前合并诉讼请求的可能。另一方面，集体诉讼程序在不断扩展过程中，一些欧洲国家开始着眼于美国模式的成与败，以寻求集体诉讼程序立法指导。④［3］Duncan Fairgrieve and Geraint Howells 教授的(Collective Redress Proceduces-European Debates《集体救济程序的欧洲辩论》，*International and Comparative Law Quarterly*，2009)，文章内容主要包括消费者集体赔偿机制在各成员国的改革建议和在欧盟发展的相关评论。研究表明，目前欧盟没有已认可的统一机制来处理各成员集体诉讼分离的情况。作

---

① 吴泽勇：《瑞典的群体性纠纷解决机制分析》，《法学》2010 年第 7 期。

② 吴泽勇：《集团诉讼在德国："异类"抑或"蓝本"？》，《法学家》2009 年第 6 期。

③ Christopher Hodge，"Multi-party Actions：a European Approach"，Duke J. Comp. & Int' l L. (2001)，p. 321.

④ Michelle Parsons，"European Class Action"，South Carolina J Int' l L.& Business (2008).

者最后认为，欧盟虽然不能像国家民事程序一样发展集体赔偿程序，但可以通过促进和引导成员国改革来实现欧洲集体诉讼程序的和谐。[①] [4] Christopher Hodges 的 Collective Redress in Europe：the New Model(《欧洲的集体赔偿：新模式》，*Civil Justice Quarterly*，2010)，文章提到，欧盟各成员国在集体赔偿机制方面争论激烈，导致拒绝司法、诉讼或法院为基础的程序作为集体赔偿的主要模式，即一种三要素合成的新模式出现，包含结合双边谈判要素和和解协议，通过外界因素的干涉，如调解者和公共权力机构，将法院程序作为最后救济手段的模式。[②] [5] Astrid Stadler 的 *the Commission's Recommendation on Common Principles of Collective Redress and Private International Law*(《集体救济建议和国际私法》，2013)，文章提到，欧盟委员会最近采取了新的政策，选择提供建议的方式代替制定有约束力的法令或规则，对欧盟法下消费者权利进行保护。虽然该建议为申请集体禁令救济或集体损害赔偿救济提供了基本原则的指导，但令人遗憾的是，各成员国却没有责任和义务实施这些原则。从目前的情形来看，欧盟立法者错过了为跨境群体诉讼问题设计国际管辖权规则、承认规则以及法律适用规则的机遇。[③]

以上研究主要包括如下特点：一是学者多以欧盟成员国的个体研究为主；二是关于欧盟集体诉讼发展的相关研究主要是从与美国模式相区别的视角展开，将视角聚焦于欧盟集体诉讼的最新发展的研究几乎没有。

事实上，欧盟的集体诉讼机制的发展经历了两次转变。[④]即从发展之初，欧盟立法者因憎恶美国“集团诉讼”(class action)所引起的“滥用诉讼”现象，而致力于发展一种新型的“集体诉讼”(collective action)，这从形式上有别于美国，旨在避免美国集团诉讼的滥用。第二次变化是从“集体诉讼”(collective action)转变为“集体救济”(collective redress)，其主要重新考量了除司法诉讼程序以外的多种群体性纠纷解决方式。具体就集体救济(collective redress)而言，它是为程序上的经济或执法效率，将诸多相似的法律诉讼请求捆绑而共同审理。[⑤]

---

① Duncan Fairgrieve and Geraint Howells, “Collective Redress Procedures-European Debates”, Int' l & Comp. L. Q. (2009), p. 379.

② Christopher Hodges, “Collective Redress in Europe: The New Model”, Civil Justice Quarterly (2010).

③ Astrid Stadler, “the Commission's Recommendation on Common Principles of Collective Redress and Private International Law”, NIPR (2013), p.4.

④ Christopher Hodges, “Current Discussions on Consumer Redress: Collective Redress and ADR”, ERA Forum (13, 2012), pp. 11-33.

⑤ Communication from the Commission to the European Parliament, the Council, the European Economic and Social Committee and the Committee of the Regions ‘Towards a European Horizontal Framework for Collective Redress’, COM (2013) 401 final.

而从欧盟集体诉讼机制的发展进程来看，主要经历了三个阶段。第一阶段，20 世纪 60 年代，为了保护消费者的权益，而始于消费者部门领域的禁令型诉讼阶段；第二阶段，20 世纪 80 年代，为允许进行损害赔偿集体诉讼及欧盟各成员国陆续建立国内集体诉讼程序的阶段；第三阶段，即目前正在进行的阶段，欧盟取得了一些进展性成果，包括 2005 年《反垄断损害赔偿诉讼白皮书》、2008 年《消费者集体诉讼救济绿皮书》、2013 年《欧盟集体诉讼救济建议书》。至今，因欧盟没有共同的损害赔偿集体诉讼机制，而仍采取各自为政的立法发展方式。2007 年鲁汶大学消费者法中心的一项研究表明，半数以上的欧盟成员国没有任何集体诉讼，在通过集体诉讼文书的成员国中，其集体诉讼机制差异较大。从欧盟及其成员国集体诉讼机制的具体类型来看，包括集体诉讼、代表诉讼以及示范性案例诉讼程序等多种类型，书中所提及的集体诉讼取广义。

基于以上，本书从欧盟集体诉讼发展概况、集体诉讼在欧盟竞争法领域的发展、荷兰集体诉讼和解的发展以及跨境集体诉讼的发展四个典型部分以展开研究，并在此基础上提出构建我国集体诉讼机制的建议。

第一章
欧盟集体诉讼发展概况

关于欧盟范围内集体诉讼的发展概况，必须明确欧盟集体诉讼的相关基本问题，其主要包括欧盟集体诉讼的成因、基本特征、立法现状，它们是研究欧盟集体诉讼最新发展的基础。因而，本章将重点就上述问题进行考察。

第一节　欧盟集体诉讼的产生

欧盟范围内的集体诉讼机制是当代社会发展的产物，它是为应对新型群体性纠纷而出现的。同时，它的产生是自身和外部的共同作用所决定的，其中外部影响又包含欧盟内外部环境的影响。具体看，欧盟集体诉讼的产生包括以下三个方面的原因。

一、应对群体性纠纷的需要

“二战”之后，西方国家的经济逐渐恢复，并具相当规模发展，集约化的生产方式推动着企业的发展日趋壮大，随之而来的结果之一便是群体性纠纷的不断出现。生产、销售、信息流通、商品和服务的消费以及环境损害等侵权都具有大规模性的特征，即受到产品、事件以及行为损害的群体人数众多，因而更多的人将陷入群体性纠纷之中。正如有学者提到：在现代社会中，市民日渐被困扰于集团性侵害之下，而单一个体的市民对于这些侵害缺乏足够的金钱或地位转向司法机关提出诉讼。随着经济活动交往日益频繁，致使社会中出现一些雇佣数千人的、向人们提供物品以及服务的大型生产集团。这样，上述集团做出的决定便有可能影响到其他人。[①]具体来看，群体性纠纷所涉范围十分广泛，既涉及大规模侵权诉讼，例如因橙剂、石棉、乳房植入物和其他产品而引发的人员损害索

① 参见［意］莫诺·卡佩莱蒂编：《福利国家与接近正义》，刘俊祥主译，法律出版社 2000 年版，第 68 页。

赔请求和财产损失索赔请求，又涉及就业案件、反垄断案件和消费者案件。

上述群体性纠纷不同于传统的纠纷形式。在群体性纠纷中，利益的冲突逐步突破了以往两个单一主体之间相对抗的简单形式，继而出现多个主体与单一主体之间、多个主体与多个主体之间以及集团与集团之间的利益冲突，其关联日趋频繁，且社会影响也日渐深远。这种能够同时危害多数人合法利益的不法行为所引起的纠纷亦所谓的现代型纠纷。[①]而如何公平合理、经济、高效地解决多主体间的利益冲突，维护正常的社会秩序，已成为民事诉讼法不可回避的重要问题。[②]传统的民事诉讼制度大多以单一当事人之间相对立的事件为基础，这是基于与传统民法体系相匹配的民事诉讼制度的延续，实际上，这样仅仅以一对一的诉争为出发点的诉讼制度明显不能适用于解决纵横交错的群体性纠纷，于是便有了集体诉讼产生、发展的历史机遇。

二、集体诉讼的优势

从集体诉讼程序自身优越性来看，无论对于原告、被告或是法院，它在解决群体性纠纷的同时，还能较好地节约诉讼费用并缩短诉讼时间。另外，其在维护受害方合法权益，有效避免遭遇不公审判方面也发挥着积极作用。而传统的民事诉讼制度，即单一原告对单一被告的诉讼对象模式，却无法应对群体性纠纷。原因包括三个方面：一是对于原告而言，诉讼费用过于高昂，以至于其所能获得的赔偿无法支付诉讼所需的成本；二是赔偿范围的局限性，实际上，并非所有受害成员均愿意花费较高的诉讼费用以获取相对有限的赔偿，从而致使赔偿合理性减弱；三是基于诉讼费用与所获赔偿差距较大，原告个人往往放弃诉讼。因此，传统单一当事人诉讼不具备解决群体性纠纷的能力。进而，集体诉讼逐渐被人们所认可，其优越性主要表现为如下方面。

（一）提供高效益的法律保护

集体诉讼有助于节约诉讼成本和时间，提供高效益的法律保护。[③]传统诉讼

① ［日］小岛武司：《诉讼制度改革的法理与实证》，陈刚等译，法律出版社2001年版，第43页。

② 徐宇：《涉外多方诉讼中的国际私法问题比较研究》，《国际法与比较法论丛》（第一辑），李双元主编，中国方正出版社2001年版，第550页。

③ Thijs Bosters, Collective Redress and Private International Law on the EU, T.M.C. Asser Press, 2017, p.17.

机制要求个别原告单独提出请求。当单一行为导致成千上万的个人遭受损害时，传统的诉讼机制无法提供一种有效的救济形式以解决此类群体性纠纷。以德国电信案为例，2001 年至 2003 年间，超过 16000 名投资者以遭受损害为由起诉德国电信公司。如果法院单独审理并做出裁决，预计受理该案的法兰克福州法院需要 15 年才能审理完结。①

对于原告而言，集体诉讼既节约诉讼成本，又能降低损失风险。集体诉讼是一种由原告成员共同分担成本和共担风险的诉讼形式。特别是当原告遇到小额诉讼索赔时，由于诉讼费用高、程序冗长以及悬殊的付出、收入差等因素，小额索赔者常常不愿提起诉讼请求。②而集体诉讼能够有效地克服个人诉讼力不足的劣势，促使原告提起诉讼请求。同时，如若对相当大数量的小额索赔置之不理，则会放任不法行为，损害更多的受害者利益。

对于被告而言，集体诉讼能有效地、一次性地解决众多原告的索赔请求，如此，不仅可以节省时间成本，更能节约诉讼、赔偿等系列费用。

就法院方面来看，其在人员、经费等方面资源有限。如果通过运用传统诉讼解决群体性纠纷，大量类似诉讼程序的启动，并且单独案件的审理将需要更长时间，必将加重法院审理负担，也可能引发不一致判决的风险。而集体诉讼旨在避免法院因负担过重而无法提供必要的法律保护，其将涉及相同或相似的法律和事实问题的众多受害者提出的索赔请求合并于同一诉讼程序中审理，以减轻法院工作量并提高其工作效率，减少司法资源的浪费。③

（二）避免当事人遭遇不公平对待

另外，集体诉讼还能有效地避免当事人遭遇不公平对待。如若同一群体性纠纷中的受损害成员分别在其成员国提起诉讼请求，则会因各成员国集体诉讼机制和法律的不同而造成遭受同一事件侵害的不同成员国的集体成员获得的损害赔偿不尽相同，更甚者因成员国未设立集体诉讼，以至于他们无法获取赔偿。如果采用集体诉讼，便可以统一受损害当事人适用的法律，促使遭受同一群体性纠纷损害的所有成员获得统一标准的损害赔偿，避免当事人遭遇不公平对待。④

① 王福华：《变迁社会中的群体诉讼》，上海人民出版社 2011 年版，第 181 页。

② See Recital 9 of the Preamble of the Recommendation.

③ Thijs Bosters，Collective Redress and Private International Law on the EU，T.M.C. Asser Press，2017，p.17.

④ 范愉编著：《集团诉讼问题研究》，北京大学出版社 2005 年版，第 52 页。

（三）避免重复诉讼

此外，集体诉讼把涉及同一法律问题或事实问题的当事人集合为一个群体而共同审理，可以减少同类案件在时间和空间上的重复。[①]这与上述第一点所提供高效的法律保护是相关联的，在一定程度上可以避免重复诉讼和不一致判决的产生。

三、内外部环境作用的影响

欧盟内部成员国集体诉讼程序的产生和发展不仅是应对新型纠纷的需要，同样其自身具有传统诉讼制度未能具备的优越性，另外，内外部环境作用的影响也起着推波助澜的作用。

（一）公共执行向私人执行的转变

现代监管制度的实施依赖于公共执行和私人执行两大支柱。公共执行是指通过公共机构进行的实质性法律规则的执行，通常由公共机构进行，而非通过法院。私人执行则是指私人通过民事法庭采取诉讼，以维护司法中的权利。[②]具体来说，公共执行的功能是威慑，而私人执行的功能则是补偿。市场监管措施的执行可通过公共执行或私人执行完成。从监管法律和政策的角度来看，私人执行是对公共执行的补充，原因在于公共执行机构通常资源有限，而私人执行将弥补公共机构的执行不足。[③]

与强调私人执行的美国不同，欧盟国家具有“福利国家”的特点，它们一直以来强调发挥政府和行业自治组织的监管作用[④]，并依赖公共执行方式以实施市场监管。但是，伴随金融危机的愈演愈烈，预算不足和监管失灵等问题日渐凸显，欧盟成员国发现公共执行方式无法满足现实需求，于是便将视线转向私人执行，并作为补充适用。通过私人执行制约违法行为的典型方式是民事诉讼，而

---

① 范愉编著：《集团诉讼问题研究》，北京大学出版社 2005 年版，第 52 页。
② 陈巍：《欧洲群体诉讼机制介评》，《比较法研究》2008 年第 3 期。
③ Nuyts，Arnaud Hatzimihail，Nikitas E.，“Introduction：Market Regulation，Judicial Cooperation and Collective Redress”，Cross-border Class Actions(2013)，pp.10-11.
④ 范晓亮：《群体性诉讼探索的新经验——〈欧盟集体救济建议〉述评》，2016 年国际私法年会论文。

处理群体性纠纷的诉讼程序就是群体诉讼[①]，本书亦称为集体诉讼。在公共执行向私人执行转变中，处理群体性纠纷的私人执行方式即集体诉讼，逐渐受到重视并得以运用。

（二）外部动力

在国外，尤以美国的集团诉讼发展较为成熟、完善。美国的集团诉讼是基于退出机制，退出制集体诉讼能够快速地将散而小的维权单体聚合起来，融合成强有力的诉讼主体，从而促使诉讼成本大大降低，并使得维权获赔的合理化。[②]随着世界经济一体化，美国集团诉讼也悄然地影响着欧盟及其成员国。在美国，消费者可以对欧洲企业提起集团诉讼，但在欧洲，消费者却无法对本国的美资企业提起涉及巨额赔偿的集团诉讼，这不仅不利于保障欧盟范围内消费者权益，还会造成国与国间不对等的发展，从而对欧盟成员国的企业在国际交往、交流中造成不利之影响。此外，不单是美国集团诉讼中美国律师大肆宣扬集团诉讼的优势，以推动集团诉讼走进欧盟内以扩展业务而获取利益。随之原以法律和指令为依托的欧盟发现其公共执行的不足，为应对国际交往中的不对等结果，于是，它们也积极推动集团诉讼在欧盟成员国发展。

综上，欧盟范围内成员国集体诉讼的产生是系列因素综合作用的结果。新型群体性纠纷作为它产生的前提条件，内外部影响则是其发展的动力，此外，集体诉讼具有传统诉讼所不具备的优势。上述因素的合力，促成集体诉讼在欧盟范围内的快速发展并获得广泛运用。

---

① 陈巍：《欧洲群体诉讼机制介评》，《比较法研究》2008 年第 3 期，第 109 页。

② ［美］波斯纳：《法律的经济分析》（下），蒋兆康译，中国大百科全书出版社 1997 年版，第 741 页。

第二节　欧盟集体诉讼机制的立法现状

近些年来，欧盟集体诉讼的发展主要集中在消费者法和竞争法领域，欧盟委员会在上述领域发起了一系列的审查。同时，许多欧盟成员国陆续建立了自己的集体诉讼机制。鉴于欧盟各成员国在集体诉讼立法时各自为政的现实，欧盟委员会在协调欧盟集体诉讼机制方面做了许多全新的尝试。最初，欧盟委员会采取部门和零散的立法，随后转向横向立法，直至2013年发布了《欧盟集体诉讼救济建议书》，但它仍是软法性质，至今未形成任何有拘束力的法律文书。

一、欧盟各成员国集体诉讼机制的确立

目前，欧盟没有统一的集体诉讼机制。2007年鲁汶大学消费者法中心的一项研究发现①，一半以上的欧盟成员国没有任何集体诉讼机制，而在通过集体诉讼文书的成员国中，其集体诉讼机制差异很大。

具体来看，欧盟各成员国存在的集体诉讼机制类型主要包括以下四种：第一，团体诉讼，它是欧盟最常见的集体诉讼类型。在保加利亚、丹麦、芬兰、法国、德国、匈牙利、意大利、荷兰、波兰、葡萄牙、西班牙、瑞典和英国②，它们均采用团体诉讼。第二，代表诉讼，代表机构或个人代表集体成员提起诉讼获得判决，并对集体成员有约束力。采用代表诉讼的欧盟成员国为奥地利、保加利亚、法国、德国、希腊、立陶宛和英国。第三，示范案例诉讼程序，只有少数成员国规定示范案例作出的判决对其示范案例当事人和其他当事人具有约束力。示范案例诉讼程序被德国、奥地利和希腊运用。第四，穷尽利润之诉，穷尽不法行为获得的不当利益的特殊诉讼程序只被德国在不正当竞争领域采用。此程序的目的不是赔偿遭不法行为损害的受害者，而是通过穷尽不法行为之不当获利

① See the European Commission's Document Overview of Existing Collective Redress Schemes in EU Member States (IP/A/IMCO/NT/2011-16).

② 虽然英国已进入“脱欧”程序，但英国的实践颇具代表性，因此本书仍将其作为欧盟成员国的代表加以分析。

重建公平的市场竞争秩序。

另外，欧盟各成员国采用的集体诉讼机制差异主要表现在以下几方面①：第一，单一诉讼模式与组合模式之差异。一些欧盟成员国只适用集体诉讼手段②，而一些欧盟成员国运用组合模式③。第二，欧盟各成员国集体诉讼的适用范围之间存在差异。一些欧盟成员国采用了适用范围非常广泛的集体诉讼机制④，而其他成员国将集体诉讼仅限制适用于特定部门，这主要表现在消费者保护领域⑤和竞争法领域⑥。第三，在集体诉讼中代表的法律地位方面也存在差异。一些欧盟成员国只授予公共机关有权在某些领域提起诉讼⑦，其他成员国只同意私人组织如消费者协会⑧提起诉讼，还有一些成员国授予集体中的个人成员代表集体提起诉讼请求⑨。例如，在英国，集体诉讼可以由个人消费者提起，而在法国，集体诉讼只能由已认可的、诸如消费者协会或政府机构提起。第四，选择程序不同。一些成员国，例如英国采取了“选择加入”机制，而其他成员国，如葡萄牙，采用了“选择退出”机制。但欧盟大多数成员国因担心退出制集体诉讼可能会违反《欧洲人权公约》第 6 条保障 “公平审判和听证权”之规定，而对其持怀疑或反对态度。

实际上，欧盟各成员国的集体诉讼机制功能大致相似。⑩主要表现在，第一，它们均旨在增加提供诉诸司法的救济途径。第二，其目的在于节约单一索赔者的诉讼成本，同时使企业和法院都减少重复诉讼的负担。

二、欧盟层面的举措

欧盟委员会已经分析了协调集体诉讼机制的可能性。最初，欧盟委员会采取了部门和零散的立法尝试。最近，欧盟委员会转向采取横向的立法。但直至现在

---

① See the European Commission's Document Overview of Existing Collective Redress Schemes in EU Member States (IP/A/IMCO/NT/2011-16).

② 例如芬兰、匈牙利、意大利、波兰、葡萄牙、西班牙和瑞典。

③ 例如奥地利、保加利亚、丹麦、法国、德国、希腊、立陶宛、荷兰和英国。

④ 例如保加利亚、丹麦、意大利、荷兰、波兰、葡萄牙、西班牙、瑞典和英国。

⑤ 在消费者保护领域有奥地利、芬兰、法国、德国、希腊和立陶宛。

⑥ 竞争领域有德国和匈牙利。

⑦ 例如芬兰“监察员”，匈牙利“匈牙利竞争管理局”。

⑧ 如法国、希腊。

⑨ 例如波兰。

⑩ See the European Commission's Document Overview of Existing Collective Redress Schemes in EU Member States (IP/A/IMCO/NT/2011-16).

还没有建立任何新的法律文书。

（一）欧盟委员会在消费者保护和竞争法领域的立法尝试

欧盟委员会最初致力于在部门内协调欧盟成员国间的集体诉讼机制，主要从消费者保护部门和竞争法部门研究集体诉讼问题。

1.消费者保护领域

消费者集体诉讼至少可以追溯到 20 世纪 80 年代。[①]关于消费者保护的实质性立法的通过，例如关于误导性广告和不公平合同条款的指令、关于远程合同的消费者保护指令、关于不公平的商业行为的指令，都呼吁各成员国引入措施使权益受到损害的消费者可以提起集体诉讼。此外，通过《消费者保护合作条例》，建立了违反指定消费者保护指令的跨境禁令诉讼救济机制。随后，在 2000 年，关于损害赔偿集体诉讼的讨论有所增加，欧盟委员会的研究和磋商表明，“与个人司法诉讼救济和替代性争议解决方案相比，绝大多数现有的集体诉讼机制都具有一定的附加价值，但是它们的效率和有效性有待得到改善，于是，这些机制只在较少的案例中得以应用”。

2005 年，来自鲁汶大学的研究人员被委托研究在欧盟范围内存在的替代消费者救济手段，而非常规诉讼程序，该报告于 2007 年 1 月出版。在报告之后，2007 年 3 月出版的《2007—2013 年消费者政策战略》中，欧盟委员会指出，其关键优先事项之一是采取集体诉讼以改善诉诸司法的途径。[②]事实上，上述“评估研究”考察了整个欧盟现有集体诉讼机制的有效性和效率。研究表明，消费者面临的问题是对现有诉讼机制缺乏了解，并且提出索赔请求的动机不足。具体就集体诉讼机制而言，其特有的障碍则包括：不能提供集体诉讼机制的危险、可以采取集体诉讼的代表实体类型受到限制、缺乏公共资助和其他机构为集体诉讼提供资金、消费者组织资源有限且中介机构缺乏专业知识、法官缺乏案件管理方面的经验以及赔偿金的分配问题。

2008 年 11 月，欧盟委员会发布了《消费者集体诉讼救济绿皮书》，认为不同成员国的现有集体诉讼机制既有其优点又存在缺点，鉴于没有一个机制适应于所有类型的索赔请求，并没有成功为消费者提供充分的救济措施。最后提供

---

① 蓁书纬：《消费者集体救济机制在欧盟及其成员国的发展》，《学术界》2010 年第 9 期。

② EU Consumer Policy Strategy 2007—2013.

了四种可选择的方案。[①]一是在欧盟层面不采取行动(No EC action)，而依靠欧盟各成员国现有措施为消费者提供救济；二是加强成员国间合作(Cooperation between Member State)，要求13个已设立集体诉讼救济机制的成员国向其他还未有集体诉讼的成员国消费者开放，尚未设立集体诉讼救济机制的成员国需尽快设立；三是创设混合模式(Mix of policy instruments)，成员国可以综合适用各种包括改进企业内部投诉处理制度、建立替代性纠纷解决机制、完善本国小额诉讼程序等有约束力和无约束力的政策工具，使现有救济方式更加符合消费者纠纷的特性；四是提议采用有约束力或无约束力的欧盟措施以确保所有成员国具有集体诉讼救济机制(Judicial collective redress procedure)，保证消费者可以通过代表诉讼、集体诉讼或示范性案例诉讼程序等途径获得有效救济。同时为防止滥用诉讼的现象出现，在欧盟层面的规划中应拒绝惩罚性赔偿和胜诉酬金制，限制公共机构为集体诉讼提供资金支持，以及由败诉方承担诉讼费用。[②]以上提议引发了热烈的讨论。欧盟委员会随后发表后续咨询文件中，明确地划分了绿皮书提供的选择，但未介绍其他办法。

在绿皮书咨询后，消费者政策评估联盟报告于2009年5月发布。同时，在2009年5月发布了一份答复的讨论文件，讨论文件提出了一套未来立法发展的改进方案，其目的是提供便利、负担得起和有效的救济措施，“为合法索赔请求提供赔偿，防止无理赔偿索赔请求，并考虑到成员国的法律传统”。具体包括：一是无欧盟行动。二是自我监管。此选项设想引入两项非立法措施，即集体替代性争议解决(ADR)的标准模式，以及欧盟企业的行为守则，其中包括管理大规模索赔请求的投诉处理系统。三是结合《消费者保护合作条例》，设立集体ADR和司法集体诉讼救济的非约束性机制。四是结合《消费者保护合作条例》，设立集体ADR和司法集体诉讼救济的约束机制。五是欧盟广泛的司法集体诉讼救济机制，包括集体ADR。

2. 竞争法领域

同时，欧盟委员会在竞争法部门也做出了一些努力。其推动集体诉讼程序的行动，可以追溯到2001年法院判决私人当事方可以依据欧盟法律就违反欧盟竞争法的情况获取损害赔偿。事实上，该机制并不完善，成员国一级就违反竞争法

---

① Green Paper On Consumer Collective Redress, COM(2008)0794 final.

② Lukasz Gorywoda, “the Emerging EU Legal Regime for Collective Redress: Institutional Dimension and Its Main Features”, Cross-border Class Actions(2014), p.176; Green Paper On Consumer Collective Redress , COM(2008)0794 final, at para. 4.

造成的损失提出的损害赔偿很少得到支付。这缘于欧盟执行竞争法主要依赖于公共执行，直到第1/2003号条例(又称现代化条例)颁布后，执法权力实现了非集中化的改革后，私人执行方式才逐渐增加。

2005年，一份《关于违反欧盟竞争法的损害赔偿诉讼绿皮书》探讨了一系列改革措施，这些改革将有助于提起损害赔偿索赔请求。①在对公开征求的意见进行分析之后，又于2008年4月，欧盟委员会公布了一份关于《关于违反欧盟竞争法的损害赔偿诉讼白皮书》②，提出了包括一系列建议、许多新措施，以使遭受违反竞争法行为损害的受害者更容易获得损害赔偿。欧盟委员会认为，由于潜在原告的损失有限，索赔请求要求范围广，现有可获取救济的手段可能不足。特别是个人消费者和小企业往往因所涉费用、延误、不确定性、风险和负担等因素而不愿意提出个别诉讼。于是，在竞争法部门，可以采用集体诉讼方式为消费者诉诸司法提供途径以使他们可以获取损害赔偿。由此，建议实施选择加入制集体诉讼和代表诉讼。其中代表诉讼由合格实体，如消费者协会、国家机构或贸易协会，代表确定的或在某些情况下可识别的受害者提起集体诉讼。代表实体机构则由其成员国预先批准或临时指定，以处理特定的反垄断侵权，并且它们可以在其他成员国提起代表诉讼。集体诉讼可以确保企业和消费者在违反欧盟反垄断法损害赔偿的索赔请求中得到同样水平的保护。③

(二)欧盟委员会横向立法的尝试

欧盟在消费者部门或竞争法部门进行了一系列部门立法尝试后转而向水平或横向立法方向发展。具体包括以下方面的尝试。

1.《构建统一集体诉讼救济机制咨询案和决议》

由于欧盟成员国仍然保持着集体诉讼机制各异的现状，欧盟委员会担忧因缺乏统一机制可能会损害公民和企业享有的权利。④2011年2月4日，欧盟委员会就《统一集体诉讼救济机制》向公众咨询，指出集体诉讼救济立法从部门转向水平方向发展。该磋商旨在尊重欧盟在部门采取集体诉讼救济机制措施的基础

---

① Green Paper on Damages Actions for Breach of the EC Antitrust Rules, COM(2005)672 final.

② White Paper on Damages Actions for Breach of the EC Antitrust Rules, COM(2008)165 final.

③ See the European Commission' s Document Overview of Existing Collective Redress Schemes in EU Member States (IP/A/IMCO/NT/2011-16).

④ Public Consultation: Towards a Coherent European Approach to Collective Redress, SEC (2011)0173.

上构建一些共同性原则。[①]欧盟委员会设立了 34 个问题，希望得到有价值的反馈以确立共同性原则。2012 年 2 月 2 日，欧盟委员会发布了《统一集体诉讼救济机制决议》，总结了以上公众咨询的意见。[②]

2.《构建横向集体诉讼救济机制框架建议》

2013 年 6 月 11 日，欧盟委员会在评估以上公众咨询意见和决议相关问题的基础上，发布了《构建横向集体诉讼救济机制框架建议》(Communication "Towards a European Horizontal Framework for Collective Redress")。欧盟委员会认为采取横向方法可以避免不协调的欧盟行业部门举措，并确保与国内程序规则平稳衔接，有利于内部市场运作。于是它讨论了关注的一些集体性损害赔偿诉讼问题。

3.《欧盟集体诉讼救济机制建议书》

2013 年 6 月，欧盟委员会发布了《在成员国建立针对侵犯欧盟法项下权利之行为的禁止令和损害赔偿集体诉讼救济机制所依据的一般原则之建议书》(以下简称《欧盟集体救济机制建议书》)。此项建议是确定可用于规范和协调欧盟集体救济机制的共同原则或指导方针，它不仅适用于消费者保护领域，也适用于欧盟其他法律的领域，包括竞争、环境、数据保护以及金融服务等。

该建议书旨在确保协调成员国的集体诉讼机制，在欧洲联盟内采取协调一致的横向立法，以改善诉诸司法的机会，同时确保正当的程序保障，以避免滥用诉讼。正如欧盟委员会副主席维维安·雷丁解释道:"欧盟成员国在集体诉讼救济方面有着截然不同的法律传统，委员会希望尊重这些传统。倡议旨在欧盟法律受到威胁时，实施机制更加一致。建议书中还提出了试图避免滥用诉讼风险的一些解决方案，主要表现在以下问题的决策上。"[③]

一是代表诉讼中的法律地位问题。就代表诉讼而言，建议书指出，采取此类诉讼的法律地位应仅限于特定的认证实体，符合某些法律标准的指定代表实体或公共机构。具体而言，它提到了代表实体应当满足以下条件：代表实体应为非营利性质；该实体的主要目标与受到侵犯的共同体法律授权的权利之间存在直接关系；该实体在财务资源、人力资源和法律专业知识方面应具有足够的能力，

① Public Consultation: Towards a Coherent European Approach to Collective Redress, SEC (2011) 0173.

② European Parliament resolution of 2 February 2012 on 'Towards a Coherent European Approach to Collective Redress' (2011/2089(INI)).

③ Commission Recommendation of June 2013 on Common Principles for Injunctive and Compensatory Collective Redress Mechanisms in the Member States Concerning Violations of Rights Granted under Union Law, 2013 O.J. (L 201) 60.

以代表索赔人行事而获得最佳利益。

二是选择加入和选择退出模式的抉择问题。建议书建议采取选择加入机制。采用选择退出制集体诉讼，法院判决对未选择退出的每一当事人都具有约束力。其优点在于能最大程度的发挥集体诉讼机制的高效性和经济性，特别是在面对大量小额索赔请求时。然而，欧盟委员会建议欧盟成员国采用选择加入制集体诉讼，即判决只对那些选择加入集体诉讼的当事人具有约束力效果。究其原因在于，欧盟委员会认为，较选择退出制集体诉讼而言，选择加入制集体诉讼更符合欧盟成员国的法律传统，因为欧盟成员国中大多数民事诉讼程序中的传统基础包括当事人处分原则，即当事人享有决定何时向法院提起诉讼和终止诉讼的权利。

三是诉讼信息传播及限制。《欧盟集体救济机制建议书》建议原告集体有权在合法范围内传播诉讼信息，但不得损害诉讼的正常进行、言论自由权、知情权以及被告的名誉和商业秘密等，传播方式不得妨碍联盟市场交易规则。①诉讼信息的传播与通知送达有关。

四是诉讼与律师费用。《欧盟集体救济机制建议书》建议败诉一方当事人应当承担胜诉一方预交的诉讼费用，其具体规定根据各成员国国内法的不同可以相应调整。此外，成员国应当确保律师费用不会成为律师积极促成集体诉讼的动机，因而不应该允许收取胜诉酬金。只有在确保原告方获得充分赔偿的前提下，成员国才可以规定胜诉酬金的例外条款，并需有相应的监管规则进行规范。②此规定可以避免滥用诉讼的风险。

五是资助问题。资金问题是集体诉讼的关键问题之一。通常在集体诉讼中，个人索赔价值相对较低，而诉诸法院既昂贵又耗时，如何为这些诉讼提供资金成为关键性问题。首先，可以创建特殊的基金，或者通过使用基于少量自愿捐款的集资，或者通过成功的诉讼当事人的捐款为未来的集体诉讼提供资金。其次，虽然律师的应急费用制度可以解决资金不足的问题，但建议书并不支持这一选择，根据建议书："成员国应确保律师的报酬及其计算方法不会从任何一方当事人利益出发，不会产生任何不必要的诉讼激励。"此外，还可以考虑第三方资助。该建议书没有澄清这一概念，只要求资金实体不影响程序性决策或解决方案。第三方资助通常被认为是第三方向索赔人提供财务支持以支付其诉讼费用

---

① See Articles 10-12 of the EU Collective Redress Recommendation.

② See Article 13 of the EU Collective Redress Recommendation; Articles 29-30 of the EU Collective Redress Recommendation.

的做法。如果索赔成功，第三方将收到受害者赔偿金的给定百分比金额，如果案件未成功，则不收取任何费用。它的逻辑类似于美国式的风险代理，但资金来源来自第三方而并非原告的律师。

六是集体诉讼的登记。《欧盟集体诉讼救济机制建议书》建议成员国设立集体诉讼登记册。任何人可以通过电子手段和其他方式免费获取。此外，发布注册管理机构的网站应提供有关获得损害赔偿的救济途径，其中包括庭外和解的所有全面客观的信息。各成员国应在欧盟委员会的协助下努力确保注册管理机构收集信息的一致性及其互用性。[①]

虽然很多专家期望能以指令的形式发布，但最后欧盟委员会仅发行了“建议书”。究其原因，可能是由于当前的政策情形不允许订立指令或条例。但是，此种未有约束力的共同原则建议并不能改变欧盟集体诉讼机制的现状，因为成员国没有义务实施这些原则。实际上，一些成员国可能会遵循欧盟集体诉讼救济的共同原则，而另一些成员国则可能会拒绝。因此，欧盟仍将保持集体诉讼制度各异的状态。

第三节　欧盟集体诉讼机制的具体形式及主要特征

集体诉讼实则是一个上位概念，它包括不同的具体形式。欧盟成员国在各自发展集体诉讼机制的过程中产生了很多不同的具体形式。

一、欧盟集体诉讼机制的具体形式

集体诉讼的概念由来已久，一些普通法国家，如美国、加拿大和澳大利亚，已经建立了比较成熟和运用广泛的集团诉讼，如此，可以使更多的受害者在一个诉讼程序中对同一被告提起诉讼请求。与普通法国家的集团诉讼相比，欧盟成员国的集体诉讼仍处于探索阶段。尽管一些成员国，例如奥地利，声称已经建

① See Articles 35-37 of the EU Collective Redress Recommendation.

立了长久的集体诉讼机制，但这些机制通常在范围和效能上都受到限制。

自 2000 年初以来，欧洲决策者总是使用“集体诉讼救济”(collective redress)一词，其定义为：基于程序经济和执行效率的原因，将许多相同或类似的索赔请求合并到一个单一的诉讼中进行共同审理的一种程序机制。[①]而当前的事实是，欧盟各成员国发展各自的集体诉讼机制。由此，2011 年欧盟委员会在咨询建议中对欧盟各成员国的集体诉讼采取了广义的定义。它认为，集体诉讼作为一种机制可以中止影响到众多原告的不法行为的商业实践或使受损害原告提起损害赔偿。[②]也可以说它是一个上位概念，包括集体诉讼、示范案例诉讼程序、代表诉讼、集体和解程序、穷尽不当利润之诉等具体的诉讼形式。

事实上，不同的学说可能对集体诉讼的每一种形式提供不同的定义。根据不同的划分标准，集体诉讼机制主要包括以下几种形式。

(一) 基于原告之间联系标准划分的集体诉讼机制形式

根据原告之间的联系，可将其划分为代表诉讼、团体诉讼和示范案例诉讼程序这三种具体的形式。

第一种形式是代表诉讼，它是由合格的组织、机构协会或个人代表一个群体提起代表诉讼，代表机构并非案件真正当事方，却是诉讼当事方。[③]实际上，代表诉讼作为集体诉讼最典型的形式，最初源于某些共同诉讼中由于当事人人数过多，不可能全部参加诉讼，或出于诉讼经济的考虑，将若干共同诉讼合并为一个更大的共同诉讼，以简化程序、提供效益。[④]从欧盟成员国现有集体诉讼机制看，严格说来，荷兰集体和解诉讼程序也是代表诉讼，因为和解协议是由代表机构与表任方之间达成而缔结，而非案件真实当事方与表任方之间缔结的。而瑞典是较早引入代表诉讼的国家，它的代表诉讼可以适用于所有类型的索赔请求，但其基本要求是基于共同和相关的法律和事实问题而提起的索赔请求。具体来看，它采用的是加入制代表诉讼模式，即判决对所有选择加入的集体成员有约束力效果。此外，采用代表诉讼程序的欧盟成员国还包括奥地利、保加利

---

①② Communication from the Commission to the European Parliament, the Council, the European Economic and Social Committee and the Committee of the Regions ‘Towards a European Horizontal Framework for Collective Redress’, COM (2013) 401 final.

③ Zheng Sophia Tang, “Consumer Collective Redress in European Private International Law”, J. Priv. Int’ L. (7, 2011), pp. 101-103.

④ 范愉编著：《集团诉讼问题研究》，北京大学出版社 2005 年版，第 45 页。

亚、法国、德国、希腊、立陶宛和英国。[①]

第二种形式是团体诉讼。它是一种赋予某些团体诉讼主体资格和团体诉权，使其可以代表团体成员提起、参加诉讼，独立享有和承担诉讼上的权利义务，并且可以独立做出实体处分的专门性制度。[②]换言之，集团本身作为一个统一的原告提起诉讼，它是以维护团体的公共利益或整体利益为主旨的停止侵害之诉或撤销之诉，事关公共利益且具有制止违法和预防保护的效能。德国是欧洲团体诉讼的发源地[③]，在过去一百多年里，德国团体诉讼的适用范围由经营者团体扩展到消费者团体，进而再到工商业和手工业协会，其保护对象也由竞争者利益一步步发展到消费者利益，这一扩展足以说明团体诉讼的重要价值。[④]在过去，团体提起诉讼的实体法基础仅限于不作为请求权和撤销请求权，这样的局面在21世纪才被改变。[⑤]除此之外，团体还获得了穷尽不当利润之诉请求权，即对故意违反不正当竞争法的行为，团体可以提出诉讼，请求对方上缴全部的非法所得。团体胜诉后的所得除扣除必要的诉讼开支外，其余将收归国库。此种诉讼的目的并不在于补偿受害者的经济损失，而在于让侵权者交出违法所得，因此，它与传统的侵权法的目的有所不同。[⑥]

第三种形式是示范案例诉讼程序。对于有共同法律和事实问题的群体性纠纷，法院可以从已经受理的大量集合性、扩散性或个人同类型利益诉讼案件中选择一宗或多宗案件进行示范性诉讼，法院对此诉讼所作出的判决，对于其他有共同法律和事实问题的群体纠纷具有拘束力。[⑦]按照示范案例诉讼程序的要求，索赔者提起的诉讼请求可以在由示范案例的代理原告保存的登记簿上进行登记。法院只选择其中一项诉讼请求，为此作出裁决，并约束所有登记在册的诉讼请求，对未登记的第三方则没有约束力效果。

示范案例诉讼程序的产生源于德国电信案。2003年10月，约14447名股东分别向法兰克福地方法院起诉德国最大的电信公司德国电信，原告要求被告赔偿因其在发行股票时作虚假陈述所造成的损失。[⑧]但由于德国电信公司的起诉案

---

① See the European Commission's Document Overview of Existing Collective Redress Schemes in EU Member States (IP/A/IMCO/NT/2011-16).

②⑧ 肖建国：《民事公益诉讼的基本模式研究——以中、美、德三国为中心的比较法考察》，《中国法学》2007年第5期。

③ 陈巍：《欧洲群体诉讼机制介评》，《比较法研究》2008年第3期，第112页。

④ 吴泽勇《欧洲群体诉讼研究——以德国法为中心》，北京出版社2015年版，第46页。

⑤ 吴泽勇：《欧洲群体诉讼研究——以德国法为中心》，北京出版社2015年版，第80页。

⑥ 陈巍：《欧洲群体性诉讼机制介评》，《比较法研究》2008年第3期，第114页。

⑦ 吴泽勇：《欧洲群体诉讼研究——以德国法为中心》，北京出版社2015年版，第114页。

件数量过多，已经远远超出了审理法官的工作能力所及，从而促使立法者不得不对群体性纠纷案件作出回应。2005 年德国制定了《投资人示范性诉讼法》，其目的是为了应对众多投资人针对同一被告提起的损害赔偿案件，根据《投资人示范性诉讼法》规定，如果由于虚假、误导或遗漏的公共资本市场信息而导致多项索赔要求赔偿损失，可以启动一个示范案例诉讼程序审理，以便确定所有待处理和涉及同一争议的共同事实或法律问题。示范案例诉讼程序使得与诉讼请求相关的诸多相似、相近问题被法院一并解决，从而减少诉讼费用、缩短诉讼时间。①但只有少数成员国规定示范案例诉讼程序作出的判决对其示范案例当事人和其他当事人具有约束力，如德国、奥地利和希腊采用了示范案例诉讼程序。②

（二）基于诉讼请求类型标准划分的集体诉讼机制形式

集体诉讼还可以划分为禁止令型集体诉讼或损害赔偿型集体诉讼。目前，欧盟已经通过了关于保护消费者权益的禁止令指令。③基于禁止令指令，合格的消费者保护机构和消费者组织被授权可以向法院提起诉讼请求以禁止违反欧盟及其成员国消费者保护规则的行为。④消费者组织可以酌情通过简易程序申请，要求发布停止或禁止任何侵权措施的指令，例如以适当形式全部或部分公布判决，或发布纠正性声明以消除侵权的持续影响，以及针对败诉被告向公共钱包支付赔偿的命令。如果在法院或行政当局规定的时限内未能遵守该判决，每日延迟的数额或国家立法规定的其他数额需要一并支付，以确保该判决的遵守。⑤而损害赔偿集体诉讼允许受损害个人获取赔偿。当前，已有 16 个欧盟成员国规定了集体诉讼机制。⑥迄今为止，荷兰采用损害赔偿集体诉讼和解已经处理了几个典型案件，例如受害个人超过 300000 人的 Dexia 案。⑦另外，在德国，通过示范案例诉讼程序的启动，已经处理了几千个小投资者向德意志电信公司提起的损害赔偿集体诉讼。⑧

---

① Benöhr, "Consumer Dispute Resolution after the Lisbon Treaty: Collective Actions and Alternative Procedures", Journal of Consumer Policy (36, 2013), pp. 87-110.

②⑥ See the European Commission's Document Overview of Existing Collective Redress Schemes in EU Member States (IP/A/IMCO/NT/2011-16).

③ Directive 2009/22/EC on Injunctions for the Protection of Consumers' Interests, OJ L 110, 1 May 2009.

④ Commission Communication, p.4.

⑤ Article 2 of Directive on Injunctions.

⑦ Dexia 案是由零售投资产品造成的经济损失的案件。

⑧ Hans-Wolfgang Micklitz, Astrid Stadler, "The Development of Collective Legal Actions in Europe, Especially in German Civil Procedure", European Business Law Review(5, 2006), pp. 1473-1503.

（三）基于个体纳入程序标准划分的集体诉讼机制形式

基于个体纳入程序标准的不同，集体诉讼机制可以分为选择加入制集体诉讼和选择退出制集体诉讼两种形式。根据加入制集体诉讼，集体成员需要在规定的时间内明确作出愿意将其个人诉讼请求合并到单一的集体诉讼程序之中的意思表示，最终，判决对选择加入的当事人产生约束力效果。而退出制集体诉讼则拟制集体由所有成员组成，除非集体成员明确表示选择退出该集体诉讼，否则判决对所有拟制的集体成员均产生约束力效果。[①]目前，退出制集体诉讼形式在欧盟仍属例外，只有少数成员国，例如荷兰、葡萄牙和丹麦采用“选择退出”制集体诉讼。

事实上，在欧洲对于“选择退出”与“选择加入”制集体诉讼的决策进行了长期的争论。有人认为应该采用“选择退出”制集体诉讼，在他们看来，正如欧盟委员会在绿皮书中所强调，“选择退出”制集体诉讼可以避免“选择加入”制集体诉讼中的一些困难。如果采用“选择加入”制集体诉讼，消费者组织可能会面临繁重的任务、消耗巨大的成本，因为这些消费者组织必须进行一系列准备工作，例如识别消费者、建立每宗案件的事实以及审理案件并与每一宗原告联络。特别是在小额损害索赔的情况下，消费者通常不太愿意提起诉讼，最后，消费者组织则可能难以获得足够数量的消费者选择加入而无法获得诉讼资格。但也有人认为应当采用“选择加入”制集体诉讼，因为它符合欧洲法律传统，而“选择退出”机制则有违欧洲法律传统。2013 年《关于成员国根据联盟法赋予的权利受到侵犯的禁诉止和赔偿性集体诉讼救济机制的共同原则建议书》建议欧盟各成员国采用“选择加入”制集体诉讼。“选择加入”制集体诉讼中相关当事人必须知道并在作出判决之前明确要求加入集体诉讼，才成为诉讼程序的一部分，这种机制符合民事诉讼法中的处分原则，这源于每个当事人有要求开始和结束司法诉讼程序的权利，反映了大多数大陆法系国家的程序传统。[②]

---

① See Green Paper on Consumer Collective Redress，COM（2008）794 final，p.3.

② See the European Commission's Document Overview of Existing Collective Redress Schemes in EU Member States（IP/A/IMCO/NT/2011-16）.

二、与美国集团诉讼模式相区别的发展模式

欧盟成员国在各自发展集体诉讼机制的过程中具有一些共同的、明显的特征，其主要表现在与美国集团诉讼的差异性方面。

事实上，任何国家法律的体系在某种程度上都有赖于其原始国家的文化环境。在集体诉讼范围内，立法者、法官和律师不仅被社会政治和经济因素影响，还需要考虑文化因素。欧盟与美国不仅有热衷于公共执行和私人执行的不同传统，同时还有执行理念取决于事后威慑和事前防御的差别正因以上文化差异，当美国模式的集团诉讼程序移植到欧盟及其成员国时，遭受到强烈的反对。具体来看，由于美国集团诉讼制度的实施衍生出以各种诉讼滥用为特征的诉讼文化，为此，欧洲议会表示不会采用“美国式集团诉讼制度或任何不尊重欧洲法律传统的制度”。它明确指出美国式的集团诉讼在欧洲不可行，认为美国式集团诉讼主要有以下几点不尽合理：广泛的审前证据调查程序、惩罚性损害赔偿、胜诉酬金制，以及无论诉讼结果如何，各方必须承担自己法律费用的法律制度传统。

欧盟及其成员国确立的集体诉讼机制是一种不同于“美国集团诉讼”的新型模式，其主要特点包括如下方面。

一是拒绝胜诉酬金制。欧盟成员国在很大程度上拒绝了胜诉酬金制。在德国、法国、荷兰、葡萄牙、奥地利、比利时、马耳他、捷克共和国、丹麦、卢森堡、希腊、爱尔兰、波兰、罗马尼亚和英国，一些成员国提供的是有条件或诉讼成功的费用制度，即只有在诉讼成功完成后才能支付费用。二是“败诉方支付”。“败诉方支付”规则对诉讼中的败诉方强加了支付获胜方费用的义务。除卢森堡以外，其余欧盟成员国都通过了这一规则。它是基于文化上一贯对潜在原告施加财务风险的政策，以劝阻不必要的诉讼，最后促进庭外和解。三是取证限制。与美国法院提供的文件制作和证词的自由证据程序不同，欧盟成员国赞同大陆法系传统，即证据的收集是依靠严格的司法职能，且证据由主审法官管理，当事人的律师没有权力管理取证过程。四是禁止惩罚性损害赔偿。原告很难在欧盟成员国内对被告提出惩罚性赔偿。这种禁止惩罚性损害赔偿的主要依据是欧盟成员国的民事诉讼法律只允许补偿性赔偿损害。五是限制性代表要求。

欧盟各成员国制定的集体诉讼机制一般都只认可政府机关、消费者协会等指定组织可以提起集体诉讼。

第二章
欧盟竞争法领域集体诉讼的发展

欧盟竞争法领域集体诉讼的发展源于集体诉讼在欧盟竞争法领域的确立，再又可分为欧盟成员国及欧盟层面的竞争法领域集体诉讼的发展，以下将从欧盟竞争法集体诉讼的确立、以及它在欧盟成员国和欧盟层面的发展进行研究，以发现发展中存在的问题，从而致力于寻求解决途径。

第一节　集体诉讼在欧盟竞争法领域的确立

集体诉讼在欧盟竞争法领域的确立主要取决于欧盟竞争法公共执行向私力执行的转变要求，与此同时，作为私力执行的传统反垄断私人诉讼方式实施效果也不尽如人意，因而提出了对私人执行方式进行改革的新要求。

一、欧盟竞争法的实施

反垄断法执行根据执行主体的不同可分为公共执行和私人执行。欧盟反垄断法的实施与执行主要依赖于两类执行方式：公共执行和私人执行。公共执行是反垄断执法机关利用公权力等公共资源对垄断行为采取措施的行为，以维护公共利益。而私人执行采用狭义概念，即是指私人基于反垄断法的规定向人民法院起诉垄断行为。①

无论是公共执行还是私人执行，都具有其局限性。公共执行在反垄断法执行中起到了重要的作用，它不仅能制止不法者的违法行为，还能对不法者进行惩治，但其缺陷也显而易见。首先，它无法保障受害者获得直接赔偿。因为反垄断法公共执行的主要目的是制止与威慑，它制止垄断行为实施者的违法行为并对其实施相应的惩戒，从而对其他人实施类似违法行为者产生威慑力，以起到维

① 王晓明：《我国反垄断私人诉讼的现状与完善》，中国社会科学院 2014 年硕士学位论文。

护市场公平竞争秩序的目标。对私人利益的救济并不是反垄断法公共执行的目的，它忽略了反垄断执行的私益性内涵，实际受害者无法获得任何赔偿。其次，公共执行资源具有限性。因公共执行资源的有限性且成本较高，公共执行不能全面顾及惩治所有的垄断行为，因而，公共执行实施效果可能会不尽如人意。

私人执行却能使受害者获得直接赔偿，以弥补上述公共执行的缺陷。但毋庸置疑的是，它也有其局限性。总体来看，私人执行难以实施的主要障碍在于垄断违法行为的特殊性。首先，卡特尔及其他类型的垄断违法行为往往难以被察觉。其次，垄断违法行为往往涉及的原被告双方实力悬殊。如果采取传统个人诉讼，它们不仅会面临获取信息不对称的情况，同时搜集证据方面的能力也存在差距。并且个人受害者需投入的时间较多、花费较大，其性价比并不高。因而，个人常常会放弃提起个人的索赔请求。此时的私人执行方式也将难以发挥其作用。

二、欧盟竞争法的公共执行和私人执行现状

总体上来看，欧盟竞争法主要依赖于公共执行，私人执行非常滞后，垄断违法行为导致的大量损害未能得到有效赔偿。目前，绝大多数反垄断法都是由欧盟委员会或各成员国的竞争管理机构实施的。相比之下，私人反垄断诉讼在欧盟中扮演次要角色。近期，立法者逐渐意识到私人执行对处理反垄断案件将起到十分重要的作用。私人执行不仅可以保证受害者获得直接赔偿，同时也能对违反规则的行为产生威慑作用。此外，还可以作为公共执行的补充，减轻公共执行机构的压力。并且有人认为，政府反垄断机构追究垄断的违法行为是有限的，如若没有私人执行，反垄断法的实施将不会成功。

事实上，欧洲鼓励和促进反垄断私人诉讼始于欧洲法院 2001 年在 Crehan 案。在 Crehan 案中，欧洲法院认为，反垄断私人诉讼有助于反垄断法的有效实施，因此，受害者应当有权因垄断违法行为而遭受的损害获得直接赔偿。同时，它还强调，在欧盟没有就此问题进行统一立法的情况下，每一成员国应确立反垄断法损害赔偿制度。[①]

虽然欧洲法院确认了因他人违反欧共体垄断规则而导致损失的受害者的损

① Case C- 453/99, Courage Ltd. v. Crehan, ECR ［2001］ I-6297.

害求偿权，但只有极少数反垄断行为的受害者在欧洲提起损害赔偿诉讼。在Crehan案之后，欧盟委员会便开始寻求竞争法领域更为有效的民事救济方法。首先，它们分析了私人执行在欧盟竞争法领域实施的现有障碍。2004年发布的研究报告表明，各成员国的反垄断损害赔偿诉讼制度具有多样性和不发达。欧盟委员会于2005年提交了一份《违反欧盟反垄断规则的损害赔偿诉讼绿皮书》，其中认为反垄断损害赔偿诉讼“不发达”的主要原因是损害赔偿诉讼制度的不完善所致。欧盟委员会提出了若干方案来解决这些障碍，同时还邀请公众发表意见。在这些努力的基础上，欧盟委员会于2008年发布的《违反欧盟反垄断规则的损害赔偿诉讼白皮书》提出了促进反垄断损害赔偿诉讼实施的措施。随后，为改变竞争法私人执行的整体滞后和诉讼制度极为多样的现状，充分保护受害者的合法权益，威慑违法行为，欧盟加快了协调私人执行方式方面立法的进程，最终欧洲议会和欧盟理事会于2013年通过《欧盟集体诉讼救济建议书》、2014年通过《反托拉斯损害赔偿诉讼指令》，这表明欧盟将进一步推进竞争法的私人执行，反垄断私人诉讼必将在欧盟发挥更大的作用。①

在未来几年里，竞争管理机构可能会继续成为反垄断法执行的推动力，但近年来的后续诉讼显著增加。在反垄断等私益性与公益性兼具的执法领域，应以私人执行与公共执行互补的方式实现法律实施的效果。②

三、私人执行方式的改革

从欧盟竞争法的最新发展来看，私人执行在反垄断法的实施中正在逐步增强。欧盟委员会认为，公共执行始终是反垄断法实施的中坚力量，但私人执行是公共执行的有益补充。

为克服私人执行在欧盟竞争法领域难以实施，欧盟委员会于2005年提交的《违反欧盟反垄断规则的损害赔偿诉讼绿皮书》(以下简称绿皮书)、2008年提交的《违反欧盟反垄断规则的损害赔偿诉讼白皮书》(以下简称白皮书)都建议在反垄断损害赔偿领域引入集体诉讼机制。在白皮书中，欧盟委员会注意到反垄断损害赔偿的特点，违法行为的受害者，尤其是处在产业链条末端的消费者，

---

① Damien Geradin, “Collective Redress for Antitrust Damages in the European Union is This a Reality Now?” George Mason Law Review(2015).

② 杨少飞:《美国反垄断集团诉讼制度研究》,《河北青年管理干部学院学报》2015年第1期。

距离违法者较为遥远，较为分散且个人所受损害额度较低，加之反垄断私人诉讼从举证到损害的量化都较为复杂，受害人大多缺乏提起损害赔偿诉讼的积极性。为了提高欧盟竞争法的威慑性，提高遭受小额损害的消费者提起反垄断损害赔偿诉讼的积极性，建议引入集体诉讼机制。

欧盟委员会认为，集体诉讼是现有体制下弥补程序效率低、赔偿受违法行为损害受害者的必要制度，其主要包括以下原因。

首先，集体诉讼是反垄断法的执行中十分有价值的工具。它不仅可以将小额个人索赔合并，同时还能加强集体成员的资源以及整体实力，改变与被告严重不公平与不对等的地位。采取个人单独提起的诉讼，将面临风险大、花费高以及获得赔偿少的现实。而集体诉讼不仅可以分摊诉讼成本、节约司法资源和克服诉讼动机不足，还能发挥对潜在违法者的威慑作用和对潜在受害者的赔偿目的。

其次，作为反垄断法最为发达的国家，美国建立了反垄断集团诉讼制度，并取得了成功。反垄断集团诉讼遵循集团诉讼的一般程序，以集团诉讼的方式凝聚了垄断行为受害者的力量，成为垄断行为受害者获得救济的便利途径。反垄断集团诉讼是克服公共执行受限的有效手段，美国的惩罚性损害赔偿制度及按判决金额收费原则，为受害者提供了足够的诉讼动机，但同时也备受争议。实践表明，总体上来看，在反垄断法领域，集体诉讼的优势超越了它们的弊端。

而欧盟进行的反垄断法执行私法化改革是试图在改良的基础上将美国反垄断集团诉讼制度引入欧盟竞争法领域。同时，为防止滥用诉讼现象，欧盟排除美国集团诉讼模式中的惩罚性损害赔偿及按判决金额收费等制度。它与美国集团诉讼的区别主要表现在以下两个方面：一是反对采用惩罚性赔偿制度。欧盟认为应当将反垄断执法的威慑功能和赔偿功能分开。威慑职能由公共执行实施完成，而私人执行则致力于对受害方损害的赔偿。私人诉讼赔偿应只具有补偿性，以避免对私人诉讼机制的过度激励而产生滥用诉讼现象。二是反对按判决金额收费，并坚持败诉者支付原则。根据美国的集团诉讼模式，缺乏失败者支付原则，使得当事人的诉讼风险降低，但败诉者支付原则却一直是欧盟的法律传统。

总之，为避免公共执行和私人执行的局限性，促进欧盟竞争法的有效实施。欧盟委员会在保持公共执行中坚力量的同时，逐渐开始重视欧盟竞争法的私人执行。而针对竞争法的特殊性，逐渐改革发展引入了集体诉讼的私人执行方式。因而，集体诉讼机制在欧盟竞争法领域逐渐得以确立。

第二节　欧盟层面竞争法集体诉讼的发展

欧盟委员会一直致力于协调欧盟集体诉讼机制，它主要采取的是部门立法的尝试。具体来看，欧盟层面推进竞争法集体诉讼机制的发展过程取得了一系列成果，它们包括：《违反欧盟反垄断规则的损害赔偿诉讼绿皮书》《违反欧盟反垄断规则的损害赔偿诉讼白皮书》《损害赔偿指令》《欧盟集体诉讼救济建议书》。

一、立法背景

欧盟反垄断损害赔偿诉讼案件数量很少，而欧盟反垄断规则的私人执行估计只占欧盟所有反垄断法执行的十分之一。鉴于没有共同的程序规则来管理反垄断损害赔偿诉讼，而这些诉讼受成员国反垄断损害赔偿规则支配，于是提起反垄断诉讼赔偿诉讼的可能性因成员国而异。成员国损害赔偿规则的不同则增加了差异对待的风险。进而，导致法律上的不确定性，受害者和被告便难以预见诉讼结果。①

与此同时，在竞争法领域，欧盟层面引入集体诉讼机制具有法律依据。虽然，《欧盟运作条约》(TFEU)没有为协调成员国反垄断损害赔偿诉讼规则提供明确的法律依据，但根据《欧盟运作条约》第103条，理事会有权根据委员会的建议并在咨询欧洲议会后，制定适当的法规或指令，以落实《欧盟运作条约》在反垄断方面的第101条(禁止卡特尔)和第102条(禁止滥用支配性地位)之规定。同时，欧洲法院也认为，《欧盟运作条约》第101条和第102条规定的有效性要求任何因欧盟反垄断法的违法行为而遭受损害的个人有权获得损害赔偿。因而，理事会根据《欧盟运作条约》第103条应当采取协调措施，通过旨在协调欧盟成员国反垄断损害赔偿诉讼规则的条例或指令。

---

① 綦书纬：《〈违反欧共体反托拉斯规则的损害赔偿诉讼白皮书〉述评》，《经济法论丛》2010年第2期。

二、《违反欧盟反垄断规则的损害赔偿诉讼绿皮书》

欧盟委员会于2005年12月19日发布了《违反欧盟反垄断规则的损害赔偿诉讼绿皮书》(以下简称绿皮书)，以加强欧盟境内的反垄断私人诉讼。它将集体诉讼机制的设计范围从消费者保护扩大到日趋成熟的反垄断领域，强调私人执行具有和公共执行同样重要的地位，同时，在成员国中对集体诉讼机制的构建广泛地征求意见。欧盟委员会为加强反垄断损害赔偿诉讼的救济，对成员国在反垄断私人诉讼的建立或改革方面可能遇到的障碍及一些可能采取的对策进行了正反两方面的探讨，其主要包括取证及证据开示、损害的计算方法、诉讼成本及私人执行与公共执行方面的协调。绿皮书列出了损害赔偿诉讼中可能存在的九大障碍并提供了克服障碍的可行性方案，其中在消费者利益保护问题上，提出由于损害金额很小的消费者和间接购买者以违反反垄断法为由提起损害赔偿诉讼的可能性很小，因此，针对这种小额多数的诉讼，应当允许消费者通过集体诉讼救济机制来保护他们的权益。①

三、《违反欧盟反垄断规则的损害赔偿诉讼白皮书》

2005年欧盟委员会发布绿皮书后，在反垄断法领域引起了广泛的关注。委员会收到了来自商界、律师界、消费者等各界的评论。在综合了各界意见的基础上，于2008年4月2日通过了《违反欧盟反垄断规则的损害赔偿诉讼白皮书》，建议成员国在反垄断损害赔偿领域加强集体性诉讼机制的运用，其中提议引入两种反垄断集体诉讼机制，即代表诉讼和选择加入制集体诉讼。前者是由合格实体，例如消费者协会、公共机关，代表部分或全部集体成员提起的集体诉讼；后者是当事人需作出明确表示愿意将他们的个人索赔合并在一个诉讼程序中审理。因而，引入集体诉讼机制的目的在于解决反垄断私人诉讼遇到分散及小额损害赔偿时出现无效的状况。②

但在加入制集体诉讼中，当事人需要积极明确地表达其愿意加入集体诉讼

① Green Paper on Damages Actions for Breach of the EC Antitrust Rules , COM(2005)672 final.

② White Paper on Damages Actions for Breach of the EC Antitrust Rules, COM(2008)165 final.

的意思表示，才可能成为共同原告，如果当事人未选择加入集体诉讼，集体诉讼判决就不会对其产生约束力效果，也不会对其提起个人诉讼的权利产生任何影响。欧盟委员会认为，选择加入制集体诉讼与欧盟大部分成员国的法律传统相符合，它符合宪法对于个人诉讼权利的保障要求，即法院判决的约束力只及于当事人之间，判决不得约束未参加诉讼的个人。但是，由于选择加入制集体诉讼要求当事人必须明确作出他们愿意加入集体诉讼的意思表示，花费时间长、成本高，并且当事人还会因未被识别或未被通知而未能作出选择加入集体诉讼的决定。最后，加入制集体诉讼的当事人参与率并不高。

由上可知，白皮书为倡导排除反垄断损害赔偿诉讼的法律障碍所提出的政策选择或建议措施可能效果甚微。

四、《损害赔偿诉讼指令》和《欧盟集体诉讼救济建议书》

随后，欧盟委员会发布了《损害赔偿诉讼指令》《欧盟集体诉讼救济建议书》，它们的内容如下：

（一）《损害赔偿诉讼指令》

欧盟反垄断损害赔偿诉讼数量很低，虽然欧洲法院承认反垄断侵权受害者有权获得赔偿，但由于欧盟成员国反垄断损害赔偿的程序障碍和法律不确定性，实际只有少数受害者获得赔偿。例如，获取证据是提起损害赔偿诉讼的关键要素，但大多数成员国的披露规则并不充分。此外，在欧盟范围内，各成员国的损害赔偿诉讼规则存在较大差异，而受害者获得赔偿的机会则取决于他们所在的成员国。同时，反竞争行为往往具有跨境因素，损害赔偿规则的不统一，致使相同案件中原告在不同成员国获得赔偿的条件以及获得赔偿的范围存在较大差异，难以形成真正公平的竞争环境，严重影响了欧盟内部市场功能的正常发挥。因此，欧盟委员会认为，在欧盟竞争法侵权行为的损害赔偿诉讼中，需要采用一项指令，以确立一些共同原则，同时为成员国保留实施这些原则的具体方式的灵活度。

《损害赔偿指令》的主要特征如下：首先，它确立了充分赔偿原则，规定成员国必须确保任何因违反欧盟反垄断法而受到损害的人都有权获得充分赔偿。

这里充分赔偿的范围很广，不仅包括实际损失，还包括从发生损害到支付赔偿之间的利润损失和利息支付，并且赔偿不应导致“过度赔偿”，例如，通过惩罚性赔偿。因此，与美国反垄断法集体诉讼不同，该指令并未将损害赔偿视为惩罚和阻止那些违反垄断规则的人的工具，但惩罚性损害赔偿的缺失减少了可能获得损害赔偿金的规模，从而可能会对律师和第三方出资者提起集体诉讼的动机产生影响。其次，它设定了证据公开的条件与限制。根据一系列条件，国家法院可以根据索赔人的请求，命令被告或第三方披露由其控制的相关证据。[①]此外，它还对转嫁抗辩、起诉资格等诸多问题作出明确规定。

2014 年 4 月 17 日，指令旨在确保反垄断法侵权行为受害者能够获得有效的赔偿，且优化欧盟反垄断规则的公共和私人执行之间的互动，同时，确保对调查程序的保护，例如传递、获取证据。总而言之，《损害赔偿指令》旨在实现不同目标之间的平衡。其目的既在于促进反垄断损害的私人诉讼，同时也保护被告的辩护权。虽然，《损害赔偿指令》所实施的框架会帮助企业受害者获得补救，但它对个人消费者或中小型企业几乎没有发挥任何作用，其原因是，后者的损害额通常太小而诉讼成本高昂。该指令未有集体诉讼救济机制的相关规定。为纠正以上不利情况，欧盟委员会发布了关于建立欧盟集体诉讼救济机制横向框架的建议书。

（二）《欧盟集体诉讼救济建议书》

2013 年，欧盟委员会发布了集体诉讼救济建议书，对违反包括竞争法领域的欧盟法制定了横向的集体诉讼救济原则。针对侵犯欧盟法赋予权利的情况，欧盟委员会于 2013 年颁布了在成员国构建禁止令和损害赔偿集体诉讼救济机制的一般原则。由于担心会出现美国的滥用集体诉讼现象，建议书对集体诉讼救济的获取采取了保守的做法。建议书继承了之前白皮书的结论，例如设置代表诉讼、选择加入模式、保证个人诉讼存在的可能性、在后继诉讼中公共执行机关意见的约束力、不允许惩罚性赔偿等内容，但以上规定对遭受小额损害的受害者发挥的作用仍然有限。

---

① 林燕萍、俞胜杰：《〈关于违反欧盟及其成员国竞争法的损害赔偿诉讼若干规则的指令〉之评析与借鉴》，《政治与法律》2016 年第 11 期。

第三节 欧盟成员国竞争法集体诉讼的发展

反垄断集体诉讼主要分为两种形式，一种是在反垄断领域专门引入集体诉讼，此种反垄断集体诉讼只适用于反垄断领域而不适用于其他领域；另一种则为一般性集体诉讼机制，它可以适用于反垄断领域，但同时也可适用于其他领域。2008 年，欧盟委员会卫生与消费者总署发布了一份针对一些成员国实施的集体诉讼救济措施的研究。该研究评估了欧盟 13 个成员国的集体诉讼救济措施的有效性。结果表明，这些成员国采用的集体诉讼机制主要适用于消费者领域和竞争法领域。事实上，大多数欧盟已有集体诉讼机制的成员国并非专门为反垄断违法行为设立，而是普遍适用一般性集体诉讼机制。下文并未完全一一列举，只选取较为典型的成员国以作分析。

一、英国

当前，在英国主要存在两种类型的集体诉讼救济机制：代表人诉讼和集体诉讼令（GLO）程序。根据 1988 年《竞争法案》第 47B 部分规定，消费者代表可以在竞争上诉法庭提起后继诉讼，但是此种类型的代表人诉讼受到严格的限制。首先，诉讼只能由确定的、符合标准的特定机构提起，目前为止，消费者协会是唯一可以在竞争上诉法庭代表消费者提起集体请求的特定机构；其次，代表人诉讼只限于代表已同意受判决约束的确定的消费者提起；再次，消费者必须受到《欧盟运作条约》（TFEU）第 101 条或第 102 条以及英国其他相关规则的约束，例如 1998 年《竞争法案》第一章和第二章规定的侵害，并且此种损害或侵害已经发生。①

同时，法院还可以运用集体诉讼令（GLO）程序，将共同和相似事实或法律问题的类似索赔请求合并审理。GLO 程序并非一个自主的集体程序，而是将集

① United Kingdom—National Report.

体要素整合到个人诉讼程序中。在集体诉讼令（GLO）程序中，每名索赔人必须先提起自己的诉讼，然后才能发出集体诉讼令，以确定作为一个集团管理的事实和法律问题。在对影响整个集体的部分索赔确定责任后，将单独评估个别损害赔偿。

从实践来看，英国反垄断违法行为案件的第一个代表人诉讼是在 2007 年 3 月，消费者协会代表大约 130 个个人消费者向英国最大运动用品公司（JJB Sports）提起的。消费者在 2000/2001 和 2001/2002 赛季的发布会上购买了曼联足球衫和在 2000 年欧锦赛前和期间购买了英格兰衬衫，但是，2000 年和 2001 年 JJB Sports 公司所出售的球服有三种定价，被公平交易局（OFT）和竞争上诉法庭（CAT）发现后，对其提出了诉讼。2018 年 1 月，JJB Sports 公司和解了此案，以 39.99 英镑买入足球衫，并对加入了此集体诉讼程序的消费者予以每人 20 英镑的赔偿。此外，未加入集体诉讼的其他消费者可以获得 10 英镑的赔偿。①

此案件表明，尽管诉讼未进入法庭审理程序，但对于以和解形式获得赔偿的受损害消费者来说，代表人诉讼的提起起到了积极的效果。同时，其缺陷也凸显，因为多数受害者从诉讼中获得赔偿的可能性取决于和解阶段他们选择加入集体诉讼的意愿，而其他大多数受害者却难以确定。在此案中，据估计大约有 200 万消费者以卡特尔价格购买足球衫，但通过发布媒体宣传活动，仅吸引了大约 130 名消费者选择加入集体诉讼。由此案可以得知，选择加入集体诉讼模式已成为限制反垄断集体诉讼发挥其功效的因素之一。

二、法国

尽管法国没有针对反垄断损害赔偿集体诉讼机制的特别规定，但反垄断集体诉讼可以由消费者协会根据《法国消费者法典》第 L.422-1 条提起。根据该条规定，当同一不法行为造成至少两名消费者遭受损害时，消费者协会可代表若干个人提起代表诉讼。具体看来，首先，消费者协会提起代表诉讼需要至少两名消费者的事先授权。在判决作出前，消费者可以撤回授权并自行提起诉讼，但如果判决作出后，即使未取得成功，消费者可能不得自行提起诉讼。如果诉讼成

① Charlotte Leskinen, "Collective Antitrust Damages Actions in the EU: The Opt-in v. the Opt-out Model", WPLS (2010), pp.4-26.

功，获得的损害赔偿归受损害的消费者获取。其次，协会可以在报纸和杂志上征求更多潜在受害者的授权，但不能通过电视或广播，也不能通过分发小册子或个性化信件，至于是否可以通过网络途径传播并不明确。

从实践看，2006 年 10 月 13 日，法国竞争委员会对三家移动运营商处以罚款后，消费者协会 UFC-Que-Choisir 代表移动电话服务用户向巴黎商业法院对三大运营商，Orange France，SFR，Bouygues Té lé com，提起了第一次反垄断损害赔偿集体诉讼。为弥补消费者因价格垄断而遭受的损失，消费者协会 UFC-Que-Choisir 设立了一个网站，消费者可以选择加入该诉讼程序。UFC-Que-Choisir 声称，如果不修改集体诉讼程序，将无法处理超过 40000 份起诉。潜在的索赔人数为 2000 万(即移动电话服务用户数)，但最终不到 1%的用户明确作出了加入该集体诉讼程序的意思表示。该诉讼受到移动运营商的质疑，该运营商声称诉讼不可受理，因为根据消费者法典 L.422-1 条款规定，UCF-Que-Choisir 呼吁消费者选择加入代表诉讼是不被允许的。2007 年 12 月 6 日，巴黎商业法院认为，UCF-Que-Choisir 对 Bouygues Té lé com 提起的诉讼是一种伪装的代表联合诉讼，因此不予受理。UFC-Que-Choisir对该裁决提出上诉，但在 2010 年 1 月 22 日，巴黎上诉法院维持了巴黎商业法院的裁决。巴黎上诉法院认为，UCF-Que-Choisir 代表反垄断法的违法行为受害人提起的诉讼无效，因为它以《消费者法典》第 L.422-1 条为依据提起，但根据此规定，并不允许招揽消费者加入诉讼。①

由上可知，由于法国消费者协会无法处理集体诉讼中涉及的所有索赔，因此，似乎需要修改有关集体诉讼的现行规则。当受害者过于分散且个人损失很小时，选择加入制集体诉讼模式可能不足以确保赔偿，此时消费者协会发现采取集体诉讼并不是最佳的。

鉴于执行民事程序所固有的障碍可能因反垄断案件的具体特点而增加，于是，可以有效利用集体诉讼的反垄断案件的数量十分有限。究其原因，主要在于与竞争委员会等公力机构不同，法国法官既没有强制性的调查权力，也没有一般可以诉诸取证的途径。特别是当涉及秘密卡特尔行为时，秘密卡特尔需要对索赔人未查明的证据要素进行积极调查，法官必须证明被告滥用支配地位的情

① Christopher Hodges, “The Reform of Class and Representative Actions in European Legal Systems”, Oxford University Press (2008), p.84; Charlotte Leskinen, “ Collective Antitrust Damages Actions in the EU: the Opt-in v. the Opt-out Model”, WPLS (2010), pp. 4-26.

况。因此，竞争法委员会认为，除非法官可以具备必要手段以制裁和补救反垄断行为，除非私人诉讼作为后续诉讼才能有效，否则不会有助于消费者获取赔偿。

三、德国

在德国，存在有限形式的代表诉讼，其中协会可以代表在环境保护、不正当竞争法或消费者保护领域遭受损害的众多原告提起诉讼。但这些诉讼只适用于申请禁令型救济，由协会提出以促进商业利益，而损害赔偿型集体诉讼不能用于竞争侵权。

经修订的《反限制竞争法》只授予某些协会提起禁令救济团体诉讼的权利。协会可获得有偿返还其法律费用，与此同时，协会可获得有偿返还其法律费用，额外的收益将支付给财政部，因而它并没有提起索赔请求的任何动机。并且，消费者面临的主要问题仍然存在，即由于个人单独诉讼的成本远远超过可能获取的赔偿金，消费者们则缺乏起诉的动机而未能获取损害赔偿。[①]

2004 年《反不正当竞争法》修正，在德国反不正当竞争领域创设了穷尽不当利润诉讼，其主要内容包括利润返还请求和诉讼费用偿还请求。消费者团体在竞争法领域可以针对故意违反竞争法而给消费者造成损失的行为穷尽其收益。团体胜诉后所得扣除必要诉讼开支后将收归国库。其目的并非赔偿受损害者的经济损失，而是让侵权者丧失非法获利。该类型团体诉讼的主要问题在于该诉讼的提起可能会加重侵权人的责任，同时影响受害人的权利救济；与此同时，对提起诉讼的公益团体也欠缺激励机制。[②]

四、奥地利

在奥地利，没有关于反垄断集体诉讼的特殊规则。解决群体性纠纷的诉讼机制主要依靠一些传统的诉讼程序机制和奥地利式集体诉讼。具体来看，在奥地利的传统诉讼中多方当事人诉讼程序主要包括：共同诉讼和示范案例诉讼。它们不限于法律的特定领域，并且既可适用于禁令型救济，也可适用于赔偿型救

---

① Charlotte Leskinen, "Collective Antitrust Damages Actions in the EU: The Opt-in v. the Opt-out Model", WPLS (2010), pp.4-26.

② 潘申明:《比较法视野下的民事公益诉讼——兼论我国民事公益诉讼制度的建构》，华东政法大学 2009 年博士论文。

济。但是，由于缺乏正式的集体诉讼机制，奥地利的法律实践逐渐形成了一种被称为“奥地利式集体诉讼”的集体诉讼形式。根据奥地利式集体诉讼，由消费者协会代表提起诉讼，潜在的索赔人将其索赔请求分配给协会。它的适用范围不限于某些特定领域，但仅适用于损害赔偿的诉讼请求。

从目前奥地利的现状看，传统诉讼程序，例如合并或整合案件，并不能适用于所有情况。特别是在有众多当事方的案件中，诉讼程序的协调给法院带来了严重的问题。同时，“奥地利式集体诉讼”在实践中也出现了一些问题。鉴于上述机制的局限性，奥地利司法部于 2007 年颁布了集体诉讼程序草案，该草案致力于补充目前运用的集体诉讼程序。但是，该草案遭到了商会和保守党的严厉抵制，并且囿于政治局势，改革难以实施。由此可见，奥地利的集体诉讼形式本身可能将会限制其在反垄断法领域的运用。

第四节　欧盟竞争法集体诉讼发展的主要问题及解决对策

无论从欧盟层面还是成员国竞争法领域集体诉讼的发展来看，都逐渐呈现出一些问题，它们是制约竞争法集体诉讼案件提起的主要因素，以下将试图寻找其解决对策。

一、现有发展中存在的主要问题

目前，欧盟成员国竞争法集体诉讼案件较少，其主要问题在于潜在受害者缺乏对集体诉讼救济机制的认识。同时，也存在一些集体诉讼的具体形式本身限制了反垄断集体诉讼的发展，例如，选择加入机制在刺激集体成员加入方面成效有限。

数年前，集体诉讼在欧盟是几乎不存在的。但从其发展来看，为在欧盟范围内推动集体诉讼机制，欧盟委员会于 2008 年的白皮书中建议，在反垄断领域为受害者提供两种集体诉讼救济方式，即代表诉讼和选择加入制集体诉讼，原因在于提起损害赔偿诉讼所需要面临的费用、延迟、不确定性、风险和负担等因素，欧盟委员会意识到集体诉讼为分散且损害价值相对较低的消费者和小经营者提供了救济的必要手段。白皮书虽鼓励这类当事人追求他们的权利，但同时为避免滥用诉讼，对其进行了限制。例如，代表诉讼必须由消费者团体代表可确定的受害者提起诉讼，并且消费者协会必须事先得到正式授权或得到成员国的专案授权。白皮书未采用选择退出制集体诉讼模式，而是建议采用选择加入制集体诉讼模式。

由此，欧盟竞争法集体诉讼主要存在以下问题和障碍：一是实施败诉一方支付原则，禁止风险代表费用制度，这可能会减弱受害人提起诉讼的动机，因为受害者需要为诉讼支付昂贵的费用并承担风险。二是通知制度有待明确。白皮书中并未明确潜在的原告如何获取通知，以及何为适当通知。虽然选择加入模式集体诉讼保障了非集体成员提起个人诉讼的权利，但无法广泛有效地通知潜在原告，如此将使集体诉讼难以发挥最大功效。

欧盟于 2008 年 11 月发布的绿皮书指出，由于欧盟当前的损害赔偿制度的缺陷，众多消费者遭受损失后无法获取有效救济，尤其在小额扩散性利益受侵害的大规模侵权纠纷中，此类受害的消费者群体在市场的占有份额很高。反垄断集体诉讼涉及的一个主要问题即是让大量受害方选择加入集体诉讼程序的困难。消费者协会在提起诉讼方面面临巨大的成本付出，如果只有少数消费者选择加入，则可能与索赔额不成比例，这也将会阻止消费者协会采取诉讼。而实践表明，更广泛的替代资金来源可能有助于在欧盟建立一个运作良好的集体诉讼救济机制。

二、改革方案

为应对欧盟竞争法集体诉讼发展中存在的以上问题，促进欧盟竞争法的私人执行方式的积极作用，改革建议包括如下方面。

（一）灵活运用选择退出制集体诉讼

选择退出制集体诉讼是指将具有共同或相似的法律和事实问题的当事人拟制为一个集体，其中人数是不确定的，并且包括具名或不具名的当事人，如果集体成员在规定的时限内没有选择退出集体诉讼，将受到判决结果的约束，因此，选择退出制集体诉讼可以在实践中发挥最大的功效。

1.退出制集体诉讼的优势

具体看来，退出制集体诉讼的优势主要表现在以下方面：首先，集体成员无须复杂的程序即可从集体诉讼中受益。其次，退出制集体诉讼对被告有利，这是因为他们可以在一个诉讼程序中解决与众多原告间的纠纷，如此，不仅可以减少诉讼费用，同时还能获得法律上的确定性，从而避免了因多重审判可能获得不一致判决。此外，被告还能获悉以后可能面临的潜在个人诉讼的确切数量，以明确判决或和解的排除效力。最后，选择退出制集体诉讼特别适合解决涉及小额个人索赔的案件，原因在于退出制集体诉讼中包括难以确定的潜在受害者，便能实现最大的威慑效果。

实践证明，选择退出制集体诉讼更有利于受害者有效的获取赔偿。在全球维生素卡特尔案中，美国成千上万的受害者可以收回约 24 亿美元，并按比例分配给集体成员。在加拿大，集体诉讼促成该国迄今为止最大的和解，其金额超过 1.07 亿欧元。同样，在澳大利亚，集体诉讼赔偿额约为 2330 万欧元。相反，在欧盟，不到 10 名受害者获得赔偿额约 760 万欧元。①

2.选择退出制集体诉讼在欧盟成员国发展的现状

退出制集体诉讼在欧盟国家的立法和实践，有力回应了欧盟白皮书对于该制度可能面临的困境之担忧。

葡萄牙的退出制集体诉讼又称为“大众诉讼”，除了公民有权行使民事或政治权利外，地方当局、任何合法团体，如消费者保护协会，均可代表人数众多的公民利益提起代表诉讼。②葡萄牙的退出制集体诉讼程序与美国的集团诉讼基本一致，唯一区别则在于前者没有设置集体认证程序，于是，法院就有权终止不适合以集体诉讼方式提起的诉讼。即法院必须明确指定选择退出的期间，并通过媒体或新闻发布会等途径向集体成员发出通知。集体代表有权主张集合性的损害赔偿，即法官可以判决整个原告集体应获得的赔偿金额，并成立一个期限为 3 年的专项基金。群体成员有权在 3 年期限内单独提起诉讼，其中主张基金中自己应得的份额，到期后基金的剩余部分将交由司法部作为未来代表诉讼的支持资金。③

---

① Charlotte Leskinen, “Collective Antitrust Damages Actions in the EU: the Opt-in v. the Opt-out Model”, WPLS(2010), pp.4-26.
②③ 陈贤贵、周一颜：《新生的“异类”：欧盟成员国退出制群体诉讼发展述评》，《东南学术》2014 年第 4 期。

挪威2005年的《民事纠纷调解和程序法》规定了集体诉讼。它的集体诉讼既可以采取选择加入模式也可以采取选择退出模式，具体由法院确定在哪种案件或情况下采用何种模式。例如，如果索赔数额很小，法院则可能采取选择退出模式的集体诉讼。

丹麦创设了一种与众不同的退出制集体诉讼。该制度下，集体诉讼通常采用选择加入模式，但依特定情况退出制也可能作为次要机制被采纳。具体而言，退出制需要符合两个前提条件：一是个案标的额很小以至于无法期待当事人通过单独的诉讼寻求赔偿。例如，如果每个集体成员的索赔请求不超过2000克朗，公共机关可以提起选择退出制集体诉讼。二是当加入制被认为是不合适的争端解决方式时。并且在丹麦，提起退出制集体诉讼的法律主体十分有限，只有公共机构有权提起，目前只有丹麦消费者保护机构具备法律地位。[①]

荷兰于2005年颁布的《大众损害赔偿诉讼的集体和解法案》规定了退出制集体诉讼和解制度。该制度专门为促进大众侵权纠纷达成和解所创设，被誉为美国退出制集团诉讼驶入欧洲的第一站。[②]DES药物引发的过度诉讼是促使荷兰集体和解程序产生的原因，集体和解协议无须建立在责任方确实负责任的前提条件下，而只需要责任方与受害方集体的代表就赔偿问题达成一致意见，并向阿姆斯特丹上诉法院递交联合请求，再由法院宣告具有约束力的和解结果。如果和解协议被许可，集体成员必须被给予至少3个月时间考虑是否退出，未在规定期间内退出者将拥有长达一年的赔偿请求权。[③]荷兰退出制集体和解制度为众多受害者提供了获取正义的渠道，帮助他们快速获得合理的赔偿，并使被告彻底摆脱数以万计的个体诉讼。以皇室壳牌案为例，其和解方案覆盖了来自意大利、瑞典、德国、比利时、法国、荷兰、挪威和其他欧洲国家的潜在当事人。

实际上，选择退出制集体诉讼受到欧盟及其主要成员国排斥，其主要由欧盟特有的诉讼文化所致，它拥有强有力的公共执法机制，同时对美国律师通过集体诉讼牟利并造成滥用诉讼恐惧。但事实上，实践表明，相对有限的退出制在欧盟成员国的实践，不仅没有引发白皮书所担忧的困境，反而为扩散利益受害者实效性接近正义提供了正当有效的法律途径。

3.宪法障碍的克服

由上可知，选择加入模式集体诉讼面临的问题是，如果个人消费者的损失非

---

①②③　陈贤贵、周一颜：《新生的“异类”：欧盟成员国退出制群体诉讼发展述评》，《东南学术》2014年第4期。

常小，他们就可能没有意愿加入集体诉讼，从而根本不会有诉讼提起，但是，如果潜在的索赔人数很多，即便每个人遭受的损失有限，但损失总额可能很大。因此，选择退出制集体诉讼在上述情况下将十分有效，但某些成员国的宪法可能限制了此类集体诉讼模式的可能性。①因而，有必要做出一定的调整或创立相应的程序保障机制。

欧盟现有成员国已有相关实践。例如荷兰，通过改进通知程序要求，解决了可能剥夺未选择退出的当事人在法庭中的听审权问题。阿姆斯特丹上诉法院在Dexia证券案中提及了正当程序问题，法院认为，为确保集体成员退出和解协议的可能性，以及如果退出者期望向法庭另行提起诉讼，则应当保留其起诉的权利，而不违反《欧洲人权公约》第6条规定公平审判和听证权之要求。在丹麦，集体诉讼只能由公共实体提出，选择退出模式仅适用于小额索赔请求。同时，丹麦诉讼法常务委员会在其提交给欧盟的报告中指出，少数集体成员可能无法得到退出通知，但这并不会引发正当程序问题，因为参加诉讼对潜在的集体成员而言，并不意味着有任何经济风险。②

事实上，加入制和退出制集体诉讼能够将不同类型的案件以不同的方式实现对权利的救济。目前，欧盟反垄断法的实施现状是过度依赖公共执行而轻私人执行，效果不尽如人意。于是，欧盟逐渐开始重视私人执行方式。但仅仅坚持加入制集体诉讼会使更多受害人的权利得不到及时有效的救济，从而将会削减反垄断法的威慑力，使市场秩序、竞争环境遭受重大破坏。退出制集体诉讼有利于将更多的受害人包括在集体诉讼中，为受害人提供较加入制集体诉讼更为便利的救济途径。③

此外，退出制可以为潜在的集体成员设置一系列确保正当程序的保障性措施，如代表充分性的审查、通知制度、和解协议许可制等。以荷兰为例，因退出制可能会剥夺当事人的申诉权，于是，在立法和司法实务中而备受关注，但可以通过改善通知制度，确保对退出制集体诉讼中集体成员的正当程序保障。

（二）欧盟统一反垄断集体诉讼机制的构建

欧盟成员国统一的反垄断集体诉讼救济机制不仅会为消费者和中小企业带来重大利益，而且还会给整个欧盟反垄断执法系统带来便利。但在没有欧盟统

①③ Charlotte Leskinen，“Collective Antitrust Damages Actions in the EU：the Opt-in v. the Opt-out Model”，WPLS（2010），p.4-26.

② 陈贤贵、周一颜：《新生的“异类”：欧盟成员国退出制群体诉讼发展述评》，《东南学术》2014年第4期。

一集体诉讼救济立法的情况下，对因垄断行为遭受损害的受害者的有效司法保护被转交给成员国法院和法律。欧洲法院在 Manfredi 案和 Courage 案中指出，成员国实体规则和程序规则必须符合欧盟的等同性和有效性原则。

在实践中，缺乏协调的成员国国家的法律会危及欧盟对消费者的司法保护，这在集体诉讼领域尤为明显。成员国集体诉讼机制在适用范围和程序特征方面差异较大，且难以提供跨境解决方案。因此，欧盟统一集体诉讼立法将为共同市场中的欧盟竞争法违法行为提供统一的法律框架和司法保护的共同标准。如此，若欧盟统一集体诉讼机制达成，欧盟层面的协调方法不仅将会为索赔人、被告和整个司法系统提供强大的法律确定性，还可以限制相同索赔的平行诉讼、避免重复诉讼或过度诉讼以及不一致判决结果的出现。

具体来看，反垄断集体诉讼机制可以通过部门立法或横向立法引入，事实上，通过部门立法的方式显然更具可行性，因为它不仅可以确保成员国在《欧盟运作条约》(TFEU)第 101 和 102 条要求方面更加统一，同时，并不需要国家层面的额外立法举措，便可为企业创造更公平的竞争环境。而欧盟层面的统一机制不仅可能会与成员国立法发生冲突，还必须要求成员国就某些实体性和程序性问题修订成员国法律。[①]

(三)与其他方式相结合

庭外和解也是一个运作良好的私人执行机制的重要组成部分，和解为各方提供了更便宜、更快捷的法庭审判替代方案。这不仅有利于索赔人和被告，而且还具有减轻整个司法系统负担的优点。基于以上原因，一个有效的集体诉讼机制应该设计有利于诉诸和解而不仅仅是法院审判机制。事实上，大多数欧盟成员国都提供替代性纠纷解决机制(ADR)。一些成员国，例如保加利亚、捷克共和国、丹麦、法国、德国、匈牙利、波兰、葡萄牙、瑞典和英国补充了替代性纠纷解决机制(ADR)，法院可能强制要求各方和解。目前来看，根据欧盟委员会委托相关研究者调查替代性纠纷解决机制(ADR)在欧盟的运用情况表明，替代性纠纷解决机制(ADR)的运用比例非常小，并且很少有集体替代性纠纷解决机制(ADR)。因此，集体替代性纠纷解决机制(ADR)亦是可以作为未来努力的方向。

---

① Charlotte Leskinen, "Collective Antitrust Damages Actions in the EU: the Opt-in v. the Opt-out Model", WPLS(2010), pp.4-26.

第三章
荷兰集体和解制度的发展

荷兰集体和解制度是欧盟成员国集体诉讼发展中取得巨大成功的典型代表，其成功主要表现在其国际化发展趋势，用于处理国际群体性纠纷案件，在实践中逐渐登上国际舞台。因而，以下将探究其确立、发展趋势以及面临的问题。

第一节　集体和解制度在荷兰的确立

荷兰解决群体性纠纷主要借助于团体诉讼和集体和解两种机制。其中，团体诉讼主要适用于针对经营者使用不当格式条款或不当经营行为而提起的禁止令救济。集体和解则适用于损害赔偿案件，其目的在于通过一个非诉讼程序赔偿消费者遭受的损失。

一、荷兰传统团体诉讼的局限性

自 20 世纪 80 年代以来，荷兰通过不同的立法赋予了某些团体提起诉讼、维护社会公共利益或团体成员利益的权利。1980 年，荷兰在《民法典》第 1416c 条规定了针对欺骗性广告的团体诉讼。1992 年通过的修订后的《民法典》第 6：240-6：243 条将团体诉讼进一步扩展到了一般商业条款法领域。根据《民法典》，具有完全权利能力的财团或社团，只要于章程中规定促进某一种利益，则可以为了保护他人的该种利益提起诉讼。1994 年，新《民法典》第 3：305a-c 条表明，荷兰引入了一般的团体诉讼。具体来看，第 3：305a 规定团体诉讼可以由个别原告提起；第 3：305b 和第 3：305c 条规定允许国家、当地政府机关、消费者机关提起团体诉讼。除《民法典》第 6：240-6：243 条继续有效外，关于团体诉讼的其他单行规定随之被废除。[①]

① 吴泽勇：《论荷兰的群体性纠纷解决机制》，《河南大学学报(社会科学版)》2010 年第 5 期。

虽然，集体诉讼的目的是改善群体性纠纷解决的有效性，但团体诉讼不允许提起损害赔偿。因而，遭受群体性损害的受害者难以获取赔偿。

二、荷兰集体和解制度的确立及内容

荷兰自引进集体诉讼机制以来，越来越广泛地应用于各类案件中，但此制度仅在国内案件中起着重要作用，未涉及任何国际或涉外因素。不久之后，立法者意识到探寻其他救济途径，以高效解决国际群体性纠纷的必要性和紧迫性。随着 2005 年《荷兰集体和解法案》(WCAM)的颁布，情况有所变化。这一立法似乎具有全球性意义，也可能使荷兰逐渐扮演着为解决全球群体性纠纷的重要角色。

(一)WCAM 的产生

《荷兰集体和解法案》(WCAM)的产生是内外因集合的产物，主要包括下列因素。

1.国内 DES 案的实际需求

2005 年《荷兰集体和解法案》的出现来自于一起案件的实际需要，即 DES 案[①]。DES 是一种预防难产和早产的雄性激素。在 1947—1976 年间，荷兰有大量妇女服用了这种药物。但后来发现，DES 有可能会对服用者及其子女产生许多副作用，例如将导致宫颈癌以及其他多种生殖器官疾病或者儿童畸形。随后，药物与严重副作用之间的因果关系得到证实后，该药在全世界被禁止销售。1986 年，6 名在胎儿时期接触了 DES 药品，后来患上癌症的女子对 13 家在 1953—1967 年期间生产并且销售 DES 药品的制药企业提起诉讼，要求制药企业对她们的身体损害承担赔偿责任。原告之所以一并起诉 13 家制药企业，是因为已经无法查明她们的母亲当年究竟服用了哪一家制药企业生产的 DES 药品。由于无法证明特定企业生产的 DES 药品是导致她们身体损害的原因，该案在一审和二审阶段均以原告败诉告终。在终审阶段，荷兰最高法院通过适用《民法典》第 6:99 条，认定所有相关企业对原告的损害负有共同责任。判决公布后，一个 DES 药品登记处依照判决而成立，在接下来 6 个星期里，有 18000 名母亲、孩子到该

① DES, Court of Appeal Amsterdam of 1 June 2006, NJ(2006).

登记处登记。据估计，受DES药品影响的可能达到440000人。1992年荷兰最高法院的判决作出后，代表受DES药品损害的受害者的DES中心与生产DES的制药公司及其保险公司开始了漫长的谈判。1999年，双方达成和解协议，一个总额为3500万欧元的DES药品基金随之建立，这笔基金由制药公司与其保险公司各出资一半。而被告同意和解的一个重要条件是，和解必须对所有受害者都具有终局效力。①

按照当时的法律，并不存在这样一种机制，可以让上述和解协议对所有受DES药品损害的受害者同时发生效力。根据《民法典》第3：305a条规定，团体诉讼不适用于损害赔偿案件。由于效力仅对参加了和解的当事人有效，而在被告一方看来，不能一次性解决群体性纠纷的结果并不具有吸引力。于是企业极力要求达成一种退出制的集体和解方案，这种和解只有通过新的立法才能得以实现。这便是《荷兰集体和解法案》产生的直接动因。

如上所述，此法案最初产生于处理药产品质量的DES案件，该案涉及的全是荷兰受害者的诉讼。在此案中，涉案企业希望与所有受害者达成损害和解协议，但荷兰没有合适的集体和解法律机制，因而，WCAM得以颁布。按照该法，因群体性纠纷而达成的和解协议，经过法院确认后可以具有法律效力，该效力约束所有没有申请退出和解程序的受害人。

2.美国最高法院莫里森诉澳大利亚国民银行案的影响

随后的Shell和解和Converium和解表明，WCAM发挥了对被排除在美国集团诉讼和集体和解之外的欧洲股东救济的补充作用。阿姆斯特丹上诉法院认为："需要为受害者在适格法院或方便法院提供救济，集体和解程序对被排除美国集团诉讼和解的非美国成员提供救济具有必要性。"②如果阿姆斯特丹法院不宣布被美国集团诉讼和解排除的非美国股东缔结的和解协议的约束力，欧洲相关当事方以及世界其他地区当事方就可能得不到任何形式的救济。

荷兰是唯一可以通过集体和解方式提供救济的欧盟成员国，这将是对美国集团和解的补充，也是WCAM成功的主要原因之一。因此，WCAM被认为是荷兰的新出口"产品"，它为欧洲和其他非美国有关当事方提供了集体和解的救济途径。美国最高法院具有里程碑意义的莫里森诉澳大利亚国民银行案判决之

① Christopher Hodges, "The Reform of Class and Representative Actions in European Legal Systems", Oxford University Press (2008), p.70; Helene van Lith, The Dutch Collective Settlements Act and Private International law, Maklu Publishers, 2011.

② Ianika Tzankova, Helene van Lith, "Class Actions and Class Settlements Going Gobal: the Netherlands", Extraterritoriality and Collective Redress(2012).

后，这种跨国集体救济现象可能会加剧，因为美国证券法反欺诈条款的治外法权大大减少，从而使得外国集体成员有可能被排除在全球证券集体诉讼之外。

（二）《荷兰集体和解法案》主要内容

具体来看，《荷兰集体和解法案》包括了《荷兰民法典》处理和解的四条规定、《荷兰民事诉讼法典》与阿姆斯特丹法院相关的六条规定。实际上，它是作为《民法典》和《荷兰民事诉讼法典》的补充条款而存在的，其立法主要受到美国集团诉讼和解机制的启示，但它并不同于美国集团诉讼和解。为避免美国集团诉讼的消极影响以及其希望在欧洲获得更多的支持和接受，集体和解协议需要获得法院批准。该法的要旨在于让法院可以确认当事人之间达成的和解协议，从而让合意达成的集体性赔偿方案对于整个受害人集体具有约束力，而受害人可以在特定期限内选择退出集体，进而不受协议的约束，并且保留单独提起诉讼的权利。具体来看，该法的主要特征包括以下方面：一是由《荷兰集体和解法案》引入的程序并非通常意义上的集体诉讼，因为它只是法院对当事人在法院外达成和解的一种确认程序，并不涉及任何意义上的诉讼程序。该程序只有在当事人已经达成和解协议，并且共同申请法院确认其效力时，才会启动。二是对于申请中已具名的受害人，该程序要求通过邮件送达，对于其他未具名的受害人，则可通过报纸广告的形式进行。在人数过于众多并且不确定的情况下，法官也可以命令运用媒体广告、网络等其他方式进行通知。三是法院对和解协议的审查主要包括以下内容：赔偿金是否合理、被告履行能力是否有充分的保证、团体是否充分代表了全体受害人、签订协议的集体是否足够大。四是被批准的和解协议约束所有没有申请退出集体的受害人。受和解协议约束的所有受害人失去了单独提起诉讼的权利，但同时将获得根据和解协议参与赔偿金分配的权利。[①]

（三）评价

荷兰集体诉讼和解程序的主要优点在于，作为一种特殊的群体性纠纷解决机制，集体和解相比法院内进行的诉讼形式而言，具有明显的灵活性。该程序采用退出制和解协议效力扩张的机制，以使更多的受害人获得赔偿，也为责任人

① 吴泽勇：《论荷兰的群体性纠纷解决机制》，《河南大学学报（社会科学版）》2010 年第 5 期。

能一次性解决群体性纠纷而愿意达成和解提供了动力。不过，作为一种替代性纠纷解决机制，其缺陷性也显而易见。按照集体和解法，和解的达成完全取决于双方的自愿，无论是纠纷解决还是批准和解协议的申请均由双方当事人共同提出，法院完全无法介入。如果受害人自己可以通过单独起诉获得更多的赔偿，那么他仍然会选择退出。于是，这意味着，与该案有关的诉讼还会大量出现。而这无论对责任人，还是对法院而言，都是巨大的负担。①

第二节　荷兰集体和解的国际化趋势

从荷兰集体和解机制的发展来看，其在实践中逐渐登上国际舞台，用于处理国际群体性纠纷案件。

一、荷兰集体和解机制的相关实践发展

从荷兰集体和解机制实践发展来看，起初，WCAM 并非为处理跨国群体性纠纷而设计。虽然最初和解的几个案件中都涉及外国当事人，但直至 2009 年 5 月 29 日宣布具有约束力的 Shell 和解案以及 2012 年 1 月 7 日宣布具有约束力的 Converium 和解案，才明确其为处理具有跨境因素案件的有效方式。此后，荷兰集体和解机制明确地进入国际舞台，特别是美国高院在 Morrison 案中裁定对非美国居民在外国股票交易所购买的股东没有管辖权后，它成为被美国集团诉讼和解排除的非美国当事方获得集体损害赔偿的救济方式。

(一) DES 药品和解案后处理的国内案件

2007 年 1 月 25 日，Dexia 案涉及证券之重大损害。Dexia 和解案是由于德克夏荷兰银行(Dexia Nederland Bank N.V)(Dexia 集团总部位于比利时)未提醒某些证券租赁产品的风险而使得购买者遭受财务损失，从而与 lease loss 基金会、Ee-

① 吴泽勇:《论荷兰的群体性纠纷解决机制》,《河南大学学报(社会科学版)》2010 年第 5 期。

galease 基金会、荷兰消费者协会(Consumentenbond)以及荷兰投资者协会(Vereniging van Effectenbezitters-VEB)达成的和解协议。据估计约有 400000 人因购买德克夏(Dexia)产品而遭受损失，其中约 4000 人在荷兰以外居住，其中大多数居住在比利时。Dexia 和解方案明确指出了利害关系人或集体成员为达成和解而提出的集体和解协议方案，声明该和解协议仅为在荷兰购买证券租赁产品的当事方利益而缔结。在此集体和解案中，排除了非荷兰居民，特别是比利时居民，因为根据适用于比利时居民的比利时消费者法律，明确了证券租赁采购协议应当被禁止，从而可以使比利时购买者获得更高的赔偿。因而，比利时当事人与该特定群体达成了单独的协议，被排除在荷兰集体和解程序之外。①

Dexia 案后，Vie d'Or 案，由保险公司的审计师和公共监督机构与声称因公司破产而遭受财务损失的人寿保险持有人之间缔结和解协议。在 2009 年 4 月 29 日，阿姆斯特丹法院宣布和解协议具有约束力。此和解协议为大约 11000 名当事人利益而缔结，其中约 500 人居住在欧洲国家以外的国家，主要在美国和泰国，但此案未提到国际管辖权问题。②

Dexia 案以及随后的 Vie d'Or 案，并非纯国内案件，其中开始涉及外国相关利益当事方。在 Dexia 案中涉及的大多数外国当事人居住在比利时，由于其严格的消费者保护法律可以获得更高的赔偿，被排除在集体和解之外。而 Vie d'O 案也涉及外国当事方，可能比例不够大，因而被忽略，向阿姆斯特丹法院申请宣布和解协议具有约束力声明时，其中未提到国际管辖权问题。③

(二)Shell 和解案

Shell 案④，这是一起涉及大量非荷兰股东和解的案件，由代表世界各地众多股东的代表机构，荷兰投资者协会(VEB)和两项荷兰基金(ABP 和 PGGM)，与据称责任方的壳牌石油公司和壳牌运输贸易有限公司，因后者关于壳牌石油和天然气储备的误导性陈述致使壳牌股价大幅回落而使股东遭受经济损失，从而缔结的和解协议。其中壳牌石油公司在荷兰设立，壳牌运输贸易有限公司在英国设立。

在美国，股东向法院提起了几项证券集团诉讼。其中包括由欧洲机构投资者

---

① Dexia, Court of Appeal Amsterdam of 25 January 2007, NJ(2007).

② Vie d'Or, Court of Appeal Amsterdam of 29 April 2009, NJ (2009).

③ Helene van Lith, The Dutch Collective Settlements Act and Private International law, Maklu Publishers, 2011.

④ Shell, Court of Appeal Amsterdam of 29, May 2009, NJ(2009), 506.

提出的两项证券诉讼，并且这些证券诉讼已经在新泽西州联邦地方法院合并。鉴于美国集团诉讼程序，阿姆斯特丹上诉法院被申请人要求，在新泽西州法院确立其对非美国股东的管辖权之前，中止对和解协议批准宣布约束力声明的程序。阿姆斯特丹法院接受其要求，因为如果美国法院对非美国股东行使管辖权，则为使非美国股东可以加入美国集团诉讼，荷兰集体和解协议可能无效。然而，新泽西州法院于 2007 年 11 月 13 日拒绝了对非美国原告行使管辖权，基于 2007 年 12 月 5 日基于壳牌公司在美国没有从事足够活动的事实，指出法院对外国原告不具有管辖权，从而驳回了诉讼请求。

阿姆斯特丹上诉法院于 2009 年 5 月 29 日宣布 Shell 案和解协议具有约束力。和解协议中规定，如果美国集团诉讼以比对非美国股东的和解方案更优惠的条件解决，后者将被修改为包括更优惠条款在内。

从以上来看，这一案件涉及重大的国际私法问题，特别与国际管辖权有关。Shell 案是阿姆斯特丹法院迄今唯一强调国际管辖权问题的集体和解案。法院则需要从两方面确立管辖权，对于居住在欧盟和欧洲自由贸易联盟（EFTA）成员国的利益相关者，法院需要适用《布鲁塞尔条例 I》和《卢加诺公约》；而对于未居住在荷兰或以上成员国的其他利益相关人，法院则需要根据《荷兰民事诉讼法典》（DCCP）第 3 条确立管辖权。

在荷兰集体和解程序中，根据管辖权规则，首先，需要明确集体和解中的被诉人，即被告。法院将相关利益者视为被告，根据《布鲁塞尔条例 I》第 2 条和第 6（1）条，由被告居住地，即所谓的利益相关者居所地行使管辖权。具体而言，相关利益集体中大约 751 名法人或自然人居住在荷兰，并且所谓责任方之一，壳牌有限公司在阿姆斯特丹注册。因此，阿姆斯特丹法院可以根据条例第 2 条管辖权基础对居住在荷兰的利益当事方行使管辖权。而对于非荷兰而属欧盟或欧洲自由贸易联盟（EFTA）成员国的利益当事方，根据《布鲁塞尔条例 I》第 6（1）条和《卢加诺公约》第 6（1）条处理多名被告的管辖权规则，可以对非荷兰的欧盟或欧洲自由贸易联盟（EFTA）成员国当事方行使管辖权。法院认为，条例第 6（1）条的适用要求诉讼请求紧密联系，为避免不一致判决风险，可以共同审理。Shell 案对英国壳牌运输贸易有限公司的索赔请求和对荷兰壳牌石油公司的索赔请求之间有紧密的联系。由此，阿姆斯特丹法院还行使对英国壳牌母公司的管辖权。此外，根据《荷兰民事诉讼法典》（DCCP）第 3 条规定可以对非欧洲利益相关当事人集体行使管辖权。因为第 3 条规定，如果任何申请人或任何利益相关人在荷兰有居所，荷兰法院便可以行使管辖权。在 Shell 案中，阿姆斯特丹法院认为大多数申请者，如壳牌石油公司、壳牌储备赔偿基金会、荷兰投资者协会(VEB)、英国工商专业协会(ABP)以及荷兰保险公司(PGGM)均在荷兰，因而，荷兰法院可以行使管辖权。[①]

从 Shell 案来看，阿姆斯特丹法院行使广泛的管辖权并未有任何问题。因为没有其他合适的法院能够使受害者获得救济，而阿姆斯特丹法院可以便于受损害方获得救济。在美国提起的集团诉讼和集团和解，排除了非美国股东，认为他们在美国未有足够的活动事实，美国法院对他们没有管辖权。荷兰集体和解程序为除美国股东以外的世界各地的股东提供了救济保障。因而，几乎没有人反对阿姆斯特丹法院对外国当事人行使管辖权。

(三) Converium 案

Converium 案涉及的是瑞士再保险公司(Converium)，目前其转为法国再保险公司(SCOR)，Converium 股份由在瑞士交易所(SWX)的 ZFS 出售和在纽约证券交易所(NYSE)作为美国存托股份(ADS)出售。由于瑞士再保险公司(Converium)做出虚假陈述并省略其财务状况的重大事项，导致其股票价值大幅下滑，致使投资者遭受经济损失。

虽然，投资者在美国提交了几项证券集体诉讼，并在纽约南区的美国地方法院被合并。2008 年 3 月 6 日，美国法院认为其缺乏对在瑞士交易所(SWX)购买 Converium 股份的外国集体成员的管辖权，法院将外国成员排除在美国集团诉讼和解之外。美国集团诉讼最终以和解告终，但仅对在“纽约证券交易所”购买美国存托股份(ADS)和在瑞士交易所(SWX)购买 Converium 股票且在美国居住者有效。而在瑞士交易所(SWX)或任何其他非美国证券交易所购买 Converium 股票的非美国股东则被排除在美国集体和解之外。

2010 年 7 月 8 日，依据荷兰 WCAM，代表非美国股东利益的 Converium 基金会和代表荷兰股东利益的荷兰投资协会、(VEB)为在瑞士交易所(SWX)或任何其他证券交易所购买 Converium 股份的非美国居民股东，(即使他们在纽约证券交易所购买了股份，但这期间居住在美国境外的股东)与责任方缔结了和解协

① Helene van Lith, The Dutch Collective Settlements Act and Private International law, Maklu Publishers, 2011; Ianika Tzankova, Helene van Lith, “Class Actions and Class Settlements Going Gobal: the Netherlands”, Extraterritoriality and Collective Redress (2012).

议。事实上，Converium 案的和解协议为约 12000 名有关当事方利益缔结，其中大约 8500 名居住在瑞士，1500 名在英国居住，只有 3%的当事人居住在荷兰。已知的 3000 多名利益相关者的姓名和地址，其中仅有 204 名在荷兰居住。2010 年 11 月 12 日，阿姆斯特丹上诉法院作出初步裁决，裁定和解协议对包括非美国居民股东的所有受害者具有管辖权。2012 年 1 月 17 日，阿姆斯特丹法院重申其对管辖权的初步裁决，并宣布和解具有拘束力。①

二、荷兰集体和解机制的未来走向

（一）荷兰集体和解机制的补充作用

Shell 案和 Converium 案表明，荷兰集体和解程序发挥了对被排除在美国集团诉讼和解之外的欧洲股东救济的补充作用。如果阿姆斯特丹法院不宣布对非美国股东而缔结和解协议的约束力，欧洲相关当事方以及世界其他地区当事方可能得不到任何形式的救济。

实际上，就法院愿意促进解决全球大规模争端的原因来看，法院认为提交批准的集体和解协议是一项友好的解决办法，并作为合同自由的代表，于是，法院应当对当事方表示愿意和解的行为作出回应。申请批准宣布和解具有约束力声明的缔约方预期并希望阿姆斯特丹法院可以对外国有关当事方行使管辖权。这是因为当和解方案的受益人人数减少时，责任方可以根据具体情况决定和解的有效性，责任方通常希望和解协议包括更多的人以避免单独分别的应诉。在 Converium 案阿姆斯特丹法院在其初步裁决中，对行使国际管辖权的基础没有争议，随后法院也没有任何理由撤回其裁决。荷兰集体和解机制发挥了需要的补充作用。

（二）与《欧盟集体救济建议》共同原则要求之协调

第一，建议书中提议在欧盟采取集体诉讼。但荷兰集体和解程序是否符合一般性原则要求、荷兰是否需要采取集体诉讼以符合建议书却值得商榷。荷兰采

① Helene van Lith, The Dutch Collective Settlements Act and Private International law, Maklu Publishers, 2011; Ianika Tzankova, Helene van Lith, "Class Actions and Class Settlements Going Gobal: the Netherlands", Extraterritoriality and Collective Redress (2012).

取集体和解程序具有比集体诉讼更好的优势。首先，从法院角度来看，作为一种和平的和解解决方式，无疑是法院所推崇的；其次，从当事人角度来看，和解是更受当事方接受的纠纷解决方式；最后，从具体司法实践来看，荷兰集体和解为被排除在美国集团诉讼和集团和解之外的欧洲当事方提供救济的有效机制。实际上，发挥欧盟集体救济机制的多样性组合，无疑更有利于为欧洲或国际当事方提供有效救济机制保障，因而，荷兰集体和解程序无须作出任何修改。

第二，建议书明确表明欧盟成员国应当采用选择加入制集体诉讼，尽管其还未完全否定采用选择退出机制的做法。荷兰司法部部长在对建议书的答复汇总时表示，荷兰认为，选择加入机制不适用于集体和解程序，因为如果将其适用范围扩大到和解，荷兰集体和解机制就会出现问题，原因在于责任方参加和解的主要动力是希望和解协议能够约束更多或全部的受害方，从而避免其单独、分别应诉的情况。因此，荷兰集体和解机制采取选择退出机制，经批准的和解协议对未选择退出的全体受害方有约束力。如果荷兰集体和解程序也遵循《欧盟集体救济建议》共同原则采用选择加入机制，则批准的和解协议不会对全体受害方有约束力，只会对那些选择加入集体和解的当事方有约束力，从而无法避免责任方单独分别应诉的可能性，也不会被责任方所接受和青睐。因而，从此方面来看，集体和解必须与选择退出机制结合，才能发挥其应有的优势。

第三节　荷兰集体和解所涉之国际私法问题

从上述荷兰集体和解制度的发展来看，虽然，最初它是为解决国内群体性纠纷案件而设计的，但当前已经被运用于跨国群体性纠纷案件，呈国际化发展趋势，进而将不可避免地产生一些问题，它们包括如下：第一，阿姆斯特丹上诉法院对管辖权的扩张受到了质疑，即产生现有管辖权规则能否与特殊的荷兰集体和解制度相兼容的问题。具体来看，法院有两个方面确立管辖权的法律依据。对于居住在欧盟和欧洲自由贸易联盟（EFTA）成员国的利益相关者，法院依据《布鲁塞尔条例 I》《卢加诺公约》来确定管辖权，而对于未居住在荷兰或上述成员国的其他利益相关者，法院根据《荷兰民事诉讼法》（DCCP）来确定管辖权。

《荷兰民事诉讼法》(DCCP)第1013(3)条规定，阿姆斯特丹上诉法院对荷兰集体和解协议宣布约束力声明案件有专属管辖权，但条款并未规定阿姆斯特丹上诉法院对于涉及外国当事人或其他跨境因素的荷兰集体和解程序中的国际管辖权。[①]第二，宣布集体和解具有约束力的法院裁决是否将在欧盟内外被承认，并且可强制执行而具有终局性的问题。第三，这些跨国案件中的法律适用问题，即欧盟法律选择规则,《罗马I》《罗马II》与荷兰集体和解能否适应的问题。

一、国际管辖权问题

荷兰集体诉讼和解程序中的国际管辖权问题主要表现为现有管辖权规则能否与荷兰集体和解制度兼容的问题。

(一)《布鲁塞尔条例I》与荷兰集体和解兼容性之争议

1.《布鲁塞尔条例I》适用范围之质疑

《布鲁塞尔条例I》第1条规定表明，其适用于“民商事事项”。欧洲法院认为对此规定应当进行自主解释。对于其适用性，法院的主要质疑包括两点：其一，批准集体和解具有约束力声明案件是否属于第1条规则之范围的问题。此问题可以运用两种方法予以理解：一是判断引起集体和解协议的相关法律关系的性质；二是考虑集体和解协议本身，这源于它是要求法院宣布具有约束力的事项。前一种方法，在消费者或产品责任案件、证券事件或其他大规模性侵权案件中涉及潜在的损害赔偿，均属于第1条之规定的范围，通常不排除第1(2)条规定之例外情况。因而，大多数基本诉讼事项通常被视为“民商事事项”。后一种方法主要是考虑阿姆斯特丹法院被要求审查和解协议所确定的赔偿金额是否合理，并且和解协议产生的合同关系应被视为“民事和商业事务”。

第二，集体和解程序中的主要争议还在于集体和解协议通常由代表机构代表与责任方达成而缔结并由双方共同向法院提出批准申请，这是否包含在《布鲁塞尔条例I》的适用范围之内。从实践来看，在Verein fü r Konsumenteninformation v. Karl Heinz Henkel案中，奥地利消费者保护组织代表消费者对涉嫌在消费

① Helene van Lith, The Dutch Collective Settlements Act and Private International law, Maklu Publishers, 2011; Ianika Tzankova, Helene van Lith, “Class Actions and Class Settlements Going Gobal: the Netherlands”, Extraterritoriality and Collective Redress (2012).

者合同中插入不平等条款的德国贸易商提起诉讼。此代表诉讼被认为包含在《布鲁塞尔条例Ⅰ》第1(1)条所指的民商事事项中。因而，可以说批准集体和解具有约束力声明案件通常属于《布鲁塞尔条例Ⅰ》的适用范围。

2. 关于“被起诉人”界定之争议

提交法院批准的集体和解案件与传统诉讼案件的区别主要表现在两个方面。第一，传统诉讼主要处理个别原告和被告之间的诉讼。在传统诉讼程序中，原告与被告的诉讼角色明确，被告居所地管辖权规则也可以准确适用。而在集体和解案件中，受害当事方数量特别大，原告与被告的划分或角色定位难以明确。第二，传统诉讼由原告对责任方即被告提起诉讼请求，而批准集体和解约束力程序并不是一个完全的对抗式程序，是由双方当事人共同向阿姆斯特丹上诉法院提交申请。因而，在集体诉讼和解案件中，《布鲁塞尔条例Ⅰ》第2条规定中提及的“被起诉人”将难以明确。

如若把《布鲁塞尔条例Ⅰ》第2条规定中的“被起诉人”界定为相关利益者是有争议的。在Shell案中，法院将集体和解中的利益相关者视为被起诉人，从而将《布鲁塞尔条例Ⅰ》第6(1)条之规定作为阿姆斯特丹上诉法院对包括未居住在荷兰的利益相关者行使管辖权的法律依据。《布鲁塞尔条例Ⅰ》第6条规则适用于多名被起诉人，如果把“受害相关当事方”界定为被起诉人时，则只要有其一当事方居住在荷兰，依据第6条规定，阿姆斯特丹法院便可以对所有利益相关者行使管辖权。事实上，由于“被起诉人”的概念取决于各成员国国内的程序性法律，在Shell案中把其中涉及100000名居住在国外的利益相关当事方视为“共同被起诉人”受到质疑。有学者将“被起诉人”理解为被传唤到法庭上的人，并可以提出抗辩，有被法院命令或执行某种行为的风险。根据这一理解，荷兰集体和解中的利益相关者，并非是向法院提出抗辩的人，这样便不应该是“被起诉人”。但也有人认为，在批准集体和解具有约束力的程序中，需要通知相关利益者和解具有约束力声明的申请，他们有机会提出抗辩，并且受到公平审讯的保护。因而可以被看作是“被起诉人”。①

3.两种方法之异议

从两种方式或角度来看集体和解程序，会得出不同的结论。第一种角度是把导致和解协议基本法律关系的性质，作为行使管辖权的法律关系根据，例如合

① Helene van Lith, The Dutch Collective Settlements Act and Private International law, Maklu Publishers, 2011.

同或侵权。第二种则是和解协议本身作为合同事项所反映的基本义务，要求由法院宣布具有约束力。例如，在大规模侵权的集体和解案件中，如果采用第一种方法，根据条例第5(3)条规定，应由确认损害事件发生地法院行使管辖权。但是第二种方法，则是根据条例第5(1)条的规定，由合同债务履行地法院行使管辖权。

(二)《布鲁塞尔条例Ⅰ》与荷兰集体和解之协调

以上管辖权基础均受到质疑，当所有利益相关当事方并非全部居住在荷兰或大部分利益相关当事方未居住在荷兰时，如何为阿姆斯特丹法院提供管辖权基础？依据《布鲁塞尔条例Ⅰ》第23条的法院选择协议条款，在集体和解协议中插入法院选择条款，不失为一种可行且有效的办法。

《布鲁塞尔条例Ⅰ》第23条要求选择法院协议必须满足四项特定形式：(1)以书面；(2)口头但有书面证明；(3)形式符合当事人之间已经建立的习惯；(4)符合商业惯例。总之，法院选择协议需要的是一种事实上的合意，清晰且准确地被表述。

在集体诉讼程序下，其中涉及第三方当事人，若和解协议所代表的相关当事人并未明确、清楚地表示同意法院选择协议条款，代表缔结和解协议中达成的法院选择协议条款是否有效。如果有效，根据《布鲁塞尔条例Ⅰ》第23条，在荷兰集体和解中则可以插入法院选择协议条款，从而可以对所有集体成员行使管辖权。

从欧洲法院在其他案件中的解释，可以得出肯定的结论。在Gerling案中，保险人和保单持有人缔结了保险合同。为了保单持有人和合同的第三方当事人，即受益人利益而包含法院选择协议条款，欧洲法院认为，即使第三方当事人没有明确地表示同意法院选择协议条款，但保险人明确表示同意，即认为第23条的要求已被满足，即便是第三方非合同当事方，法院选择协议条款对其有效。因此，在适用荷兰集体和解案件中，利益相关当事人则相当于非和解协议当事方，在此种情况下，只要责任当事方明确表示同意协议选择法院条款，即表明符合《布鲁塞尔条例Ⅰ》第23条要求。另外，如果相关利益者不愿意受法院选择协议的约束，他们可以选择退出和解协议。

因而，依据《布鲁塞尔条例Ⅰ》第23条规则，法院选择协议条款的运用可以为适用荷兰集体和解案件中管辖权行使提供依据。

二、承认与执行问题

荷兰集体诉讼和解的承认与执行问题既包括集体和解的法律地位问题，也包括法院批准和解协议的排除效力问题。

(一)集体和解的法律地位之质疑

依据《布鲁塞尔条例Ⅰ》，法院批准的和解协议是否可以被确认为“判决”是不确定的。从《布鲁塞尔条例Ⅰ》文本来看，将判决的概念扩展至法院批准的和解协议较为困难。虽然《布鲁塞尔条例Ⅰ》第32条[①]中关于判决的定义，其中列出了定义所涵盖的文书，但明确省略了法院核准的和解协议。

具体来看，条例第32条规则从措辞来看，虽未提及法院核准的和解协议，但其延伸至法院的任何命令，可能包括批准和解的命令。

事实上，判例法进一步强调了法院批准集体和解为实现承认目的应赋予判决地位。根据《布鲁塞尔条例Ⅰ》，当事人间的合同性和解没有法律效力。在Solo Kleinmotoren GmbH v. Emilio Boch案件中，欧洲法院裁定，“在成员国法院的诉讼中达成可强制执行的和解不是该条款意义内的判决，在另一个成员国没有任何排他性效力”。然而，以同意的判决形式作出的核准和解将被视为具有排他性效力的判决。Boch案的裁决一般被认为只适用于法院没有行使任何司法职能的和解的情况。但原则上不应适用于同意令，其中法院已核实该判决的法律和事实依据，或当事人各方已承认和解所依赖的有争议的问题。在Landhurst Leasing Plc v. Marcq的英国案例中，法院认为比利时同意令是具有判决效力的。

具体而言，衡量标准主要取决于法院的作用。由上可知，判断集体和解协议的一项标准是法院在和解程序中所起到的作用。其主要判断标准为法院有没有对案情作出独立裁决，是否行使其司法职能？根据承认规则，这种判决是针对案件的实质作出的裁决。无论和解的合同效力如何，纯粹的私人和解不会被认作为判决。但是，法院批准的和解协议地位如何？有人认为，法院批准的和解协议在原法院有既判力，这意味着判决的性质是已决的。但是，也有人认为仍需要

---

① 《布鲁塞尔条例Ⅰ》第32条规定，本条例所指“判决”，系指某一成员国法院或法庭所作的任何决定，而不论该决定的名称是什么，诸如裁决、命令、决定或执行令状，以及由法院书记官就诉讼费用或其他费用所作的决定。

积极裁决实质性问题。因为关于案情的决定是一项判决，则需要确定争议中某些事实，说明适用于这些事实的相关法律原则，并将这些原则适用于有关事实情况的结果给出结论的主动裁决。如果外国法院仅仅批准和解协议只因为当事方要求它这样做，则可能不存在主动裁决。如果外国法院只是确保和解协议在程序上是合理的，不审查是否代表双方真正的共识，也不应涉及裁决。但如果外国法院根据案件的实际情况审查它是否符合当地程序，或者它是否代表着各方的真实共识，又或根据案情评估和解是否为适当或成比例的结果，此批准行为涉及司法控制因素，这种审查并非只就案情作出裁决，涉及审议案件的实质内容。

依据以上判断标准，荷兰法院批准的集体和解是否构成《布鲁塞尔条例》第32条的“判决”？ 学者Van Lith认为应该被认为是一种判决，“虽然有约束力的声明不涉及法院关于双方当事人之间问题的裁决，因为该问题已在当事方到达法院之前已经和解，但是有约束力的声明应该被理解为《布鲁塞尔条例I》第32条意义上的判决。这一结论是基于法院批准有评估和解协议的合理性，从而对和解的实质进行了相当程度的控制。因此，法院在集体和解程序具有约束力的声明中的作用具有足够的实质性控制，使其成为第32条意义上的判决”。

(二) 法院批准和解协议的排除效力

由于排除效力为阻止在外国法院重新提起诉讼程序的关键性因素，承认可能比执行更加重要。在大多数案件中，和解比较容易完成，并不需要执行程序。执行程序的可能性在谈判和解时比较有帮助。虽然关于执行和解协议的立场是明确的，但关于和解协议的排除效力尚未确定。依据《布鲁塞尔条例I》第58条，将法院核准的和解协议与公证文书等同起来，并允许在相同条件下加以执行。同样，《布鲁塞尔条例I修订案》第2(b)条规定，“法院和解”指的是已经被成员国法院所接受的或者在诉讼过程中所作出的和解协议。依据欧洲议会和理事会《关于为无争议债权实行欧洲执行令的第805/2004号条例》(以下简称《欧洲执行令条例》)，法院批准的和解协议具有法律效力。《欧洲执行令条例》关于“法院和解”第24条规定：“1. 关于第4(2)条意义范围内的权利要求的和解协议，经法院批准或在法院诉讼过程之前达成，并在批准或缔结的成员国可强制执行，批准或在签订的法院，应使用附件二的标准格式证明为欧洲执行令。2. 已在原成员国证明为欧洲执行令的和解协议将在其他成员国执行，无须声明其可执行性，也不可能反对其可执行性。”然而，《布鲁塞尔条例Ⅰ》第 58 条与《欧洲执行令条例》第 24 条一样，只涉及强制执行而不是承认，因此，不直接涉及和解协议的排除效力。

如果法院批准的和解协议被认为具有强制执行判决债务的正面法律效力，但不具有承认的负面法律效力，是不合理的。根据《布鲁塞尔条例Ⅰ》，和解的承认取决于原始法院和解的类型。只有原始法院认为和解具有既判力影响，才能承认集体和解的排除效力，这适用于可以归类为“判决”的和解而非当事方之间的合同类和解，法院不仅正式登记协议，而且必须根据案情批准。如果和解仅仅被认为是当事人双方的协议而非法院判决，它将没有既判力效果。

集体原告申请对被告执行和解可能依据《欧洲执行令条例》。对于本条例范围内的所有诉讼请求，如果原法院证明和解为欧洲执行令，则不需要进行任何程序。依据条例第 3(1)(a)条，该条例适用于被告在审判法院或批准法院达成的所有和解。但依据条例第 5-11 条，是否认证为欧洲执行令要求正式通知送达集体成员。如果涉及缺席者对被告判决的认证(第 12 条)，则需要符合条例第 13-19条规定的送达程序的最低标准，这些原则可以比照适用于缺席原告。他们与被告具有相同的地位，其原因是他们没有明确表示同意而涉入和解程序，目前，关于这个问题尚未有任何判例，欧洲法院的解释将依赖于欧洲立法机关普遍接受选择退出程序和通知缺席集体成员的标准。

三、通知问题

无论是旨在获得具有约束力声明期间，还是宣布具有约束力声明之后，对和解协议相关利益当事方的通知都十分重要。WCAM 规定直接通知具名的相关当事人，并通过在报纸上发布公告通知未识别的相关当事人。例如，Shell 案和 Converium 案中，通过在有关外国报纸上发布公告以通知未识别的外国利害当事人。

有关跨境送达和通知的文书如下：一是在欧盟成员国内对有已知居所地成员的通知，依 2007 年 11 月 13 日生效的《欧盟送达条例》。二是对于其他缔约国的已知地址的当事人则依照 1965 年 11 月 15 日《海牙民商事司法文件海外送达公约》(简称《海牙送达公约》)，它于 1976 年 1 月 2 日对荷兰生效。

以上两项国际文书旨在为参与传统一方诉讼人员提供送达或通知，但对于整个团体或群体利益相关当事人的通知并未明确。因为这些文书都不适用于地址不明的人和不具名当事人，并且这两种文书中使用的司法文件的通知方式都集中于个人通知。

事实上，《欧盟送达条例》和《海牙送达公约》不足以处理集体和解中有关当事方的通知，这缘于集体和解利益相关方数量之大，所涉费用通常也比较高。为送达更多有关当事方，当事人之间应当建立更紧密的合作，并且可以发挥代表协会对具名且明确地址当事人送达的积极作用。而对于不具名或未知地址当事人的通知可由国家法律支配。目前，WCAM 并未明确规定外国有关当事方的通知，但《荷兰民事诉讼法典》（DCCP）第 1013（5）条和第 1017（3）条规定的自由裁量权允许法院规定其他形式的跨境通知方式，特别是对于地址不明的当事方，法院应该有发布明确的命令或批准通知方式的可能性。为了确定通知方式，预审听证会的重要性已在实践中得到证实，在审前听证会期间，法庭确保采取迅速的通知送达方式，并尽可能确保有关各当事方的基本程序权利。①

四、法律适用问题

实践中，目前荷兰集体和解制度在处理涉及有关外国当事方或其他国际要素案件时，在法律适用方面遇到的问题比较少，这主要缘于荷兰集体和解作为一种基于双方当事人之间自由协议达成合意的纠纷解决机制，其中往往包含了法律选择协议条款，其他冲突规则在决定其中的法律适用问题时发挥的作用并不大。

（一）《罗马 I》与荷兰集体和解制度之兼容性

对于荷兰集体和解案件而言，其中指称责任方与代表组织之间缔结的和解协议可以视为合同，以便确定其中所涉及的法律适用问题。对于涉及欧盟成员国的案件，荷兰法院将根据《罗马 I》中的冲突规则来确定其中的法律适用问题。《罗马 I》序言中指出，“内部市场的顺畅运转需要不论在哪一成员国的法院提起诉讼，其法律冲突规则均能指向同一国家的法律”。《罗马 I》于 2009 年 12

① Helene van Lith, The Dutch Collective Settlements Act and Private International law, Maklu Publishers, 2011.

月 17 日生效，并取代了 1980 年 6 月 19 日的《罗马公约》。

1.涉外界定之异议

《罗马 I》第 1 条要求在合同关系中存在“国际要素”。除壳牌和解方案中所涉负责人其居所地在伦敦设立外，所有依据荷兰集体和解程序达成的和解案所涉责任方的居所地均设立在荷兰。

指称责任方是否与所有在荷兰设立而为外国有关当事方利益行事的代表组织之间缔结集体和解协议时，应被理解为《罗马 I》意义上的“国际合同关系”。事实上，从《罗马公约》的初步解释性报告规定来看，可以得知，如果争议将引起两个或多个法律制度之间的冲突，第 1 条旨在适用于涉及一个或多个外国因素的情况。除了事实合同的一方或全部是外国人或他们的惯常居所地在国外，报告进一步将外国要素确定为合同在国外作出的事实，以及缔约方应履行一项或多项义务的事实在国外。在理论上，这意味着当和平协议的缔约国有外国利益方时，至少该协议应该部分地在其居所地国进行，和解才具有涉外性。事实上，即便是相对较少的外国有关当事方也将使“和解”符合条例确定的适用的国际性质。

2.法律选择协议条款的特殊性

实际上，按照《荷兰集体和解法案》(WCAM)，双方当事人将根据规定的要求，起草一份和解协议，其中包括对适用的法律的明确选择。目前，除 DES 和解方案之外，所有其他的集体和解协议中均包含了选择适用荷兰法律的法律选择协议条款。例如，依照 Shell 壳牌和解方案规定，本和解协议和任何附带协议将受荷兰法律支配，但不包括其法律冲突规则。

根据《罗马 I》第 3 条第(1)款规定，当事人有选择支配合同关系法律的自由，合同应受当事人选择的法律支配。法律选择应由合同条款明确或当事人明确表示。通过他们的选择，各方可以选择适用于合同的全部或仅仅适用于合同一部分的法律。所选择的法律并不要求与合同具有自然联系。明确的法律选择有利于荷兰和解协议程序的顺利运行。

3.未有法律选择协议条款

在和解协议中未有法律选择协议条款的情况下，《罗马 I》第 4 条规定了合同的一般性冲突规则。当集体和解协议不属于第 4 条第(1)款所列的合同涵盖类型时，第 4 条第(2)款的(替代)规则规定，合同应由特征性履行方的惯常居所地国法律支配，而和解协议中是否存在特征性履行方尚未明确。有人认为，和解协议中的义务是平衡的，没有特征性履行方；而其他人则认为，有义务支付赔偿方应作为集体和解程序中的特征性履行方。在前一种情况下，第 4 条第(4)款表示在没有特征性履行方的情况下，合同应由与其最密切相关国法律支配。这一标准的衡量因素为与和解协议有关的一些因素，例如指称责任方的设立地点、有关各方的居所地和代表组织的设立地等。在后一种情况下，要求支付赔偿的一方是指称责任方。因此，指称责任方的惯常居所地国法律则将是和解案件应适用的法律。如果指称责任方设立在荷兰，则适用荷兰法律，在其他情况下，外国法律将适用。此外，条例第 4(3)条规定，如果案件的所有情况明确，合同与特征性履行情况以外的国家存在明显的密切联系，则适用该国法律。因此，当和解案件与另一个关系更为密切的法院联系时，便不是适用指称责任方惯常居所地国法律，而是适用密切联系国家法律。

(二)《罗马 II》与荷兰集体和解机制之兼容性

实际上，很多国际大规模损害案件的索赔将涉及跨境侵权行为。欧盟跨境侵权的法律适用问题由《罗马 II》支配。《罗马 II》于 2009 年 1 月 11 日生效，第一条确定其实质性范围是适用于民事和商业事务的国际非合同之债，不特别涉及国家行使国家权力的行为和不作为的责任，并排除若干非合同之债。第三条规定了一般性规则，即无论法律是否属于成员国法律，均可适用。第四条涉及跨境侵权行为，特殊侵权的具体规定见于产品责任侵权(第五条)、不正当竞争(第六条)、环境损害(第七条)以及行业诉讼。第十四条规则是发生损害事件之后的法律选择协议条款。事件后议定的法律选择条款应予以明确表达或在特定情况下以合理方式证明。

具体来看，《罗马 II》第 4 条所体现的非合同之债的一般冲突规则是适用损害结果发生地国法律。在跨境大规模侵权案件中，受害当事方常常居住在多个成员国，可能会有很多损害结果发生地。《罗马 II》放弃的侵权行为实施地可能更适合大规模侵权案件，因为如果采用“侵权行为实施地法”这一连结因素将导致适用单个实体法的情况。虽然《罗马 II》第 4(3)条的一般例外条款规定了若侵权行为与本条 1、2 款以外的国家有更密切联系的，则适用该另一国家的法律，但这并不是为集体和解程序设计。

至于特殊侵权行为，在不公平竞争案件中，受《违反欧盟反垄断法规定的损害赔偿行为白皮书》的启发，《罗马 II》第 6 条第(3)款(b)项是在多个国家发生损害时解决法律适用问题的立法范例。其规定:“在被告住所地法院起诉的损害赔偿请求人，当市场受到或可能受到影响的国家不止一个时，若某一成员国市场因该诉讼请求所依据的限制竞争行为而受到直接的、实质性的影响，则可以依照法院地法提出诉讼请求；当损害赔偿请求人在某一法院依据相应的管辖权规则起诉一个以上的被告时，只有针对每一个被告的诉讼请求所依据的限制竞争行为都直接地、实质地影响到了法院地的市场运行时，损害赔偿请求人才能够依据法院地法提出诉讼请求。”

又如涉及产品责任的案件，在荷兰相关法律适用规则主要是《适用于产品责任的海牙公约》确定。因为《罗马 II》第 28 条规定，本条例不得影响在本条例议定之时，一个或多个成员国为其当事国制定的有关非合同之债的国际条约之适用。冲突的阶梯制度规则规定，首先适用直接遭受损害的人的惯常居所国家的法律(第 5 条)；如果不可用，则适用受害地国家的法律(第 4 条)；或最后适用法律责任的主体营业所在国法律(第 6 条)。当《海牙公约》不适用时，适用的法律由《罗马 II》确定，根据第 5 条第(1)款的规定，将可能根据不同的情况，适用损害发生时经常居所地国法律、取得产品所在地国法律或者损害结果发生国法律。此外，第 5 条第(2)款包括明显更紧密的例外条款，允许减损第 5(1)条所述法律之适用。但它也并非为集体和解程序而设计，只能适用于例外情形。

(三)《罗马 I》和《罗马 II》中强制性规则

在确定关于非合同之债和合同之债法律适用问题时，应当考虑到强制性规则。依照《罗马 I》和《罗马 II》中的法律适用规则，它们强调法院适用其强制性规则。这种强制性规则可以纠正法律适用的影响，并可能影响双方享有的法律选择自由。

当集体和解协议中包含损害赔偿条款时，考虑到集体中不同利益相关方可能需要适用不同法律，便应当首先考虑强制性规则，以保护某些当事方，特别是消费者。在 Dexia 案中，比利时的强制性消费者保护规则比荷兰法律更为严格，和解协议中的法律选择协议条款不会“修复”比利时法，即使在合同中选择了另一项法律，比利时强制性规则仍然适用，比利时消费者对德克夏的索赔请求应由比利时法律支配。于是，当阿姆斯特丹法院在评估和解协议的合理性时，希望将比利时有关当事方从和解中排除。

第四章
欧盟跨境集体诉讼的发展

跨境集体诉讼在欧盟范围内的采用并不常见，其中的原因较为复杂。但主要影响因素是集体诉讼机制是由欧盟各成员国自行制定，并通常被限制在内国适用。虽然欧盟多次尝试统一集体诉讼机制的立法，但至今未取得成功。

基于对欧盟内部市场一体化的目标要求，欧盟民商事程序法和法律适用法应该保证跨境集体诉讼能充分有效运作。①而跨境集体诉讼具有特殊性。事实上，跨境集体诉讼为欧盟国际私法规则提供了新的应用场景，欧盟国际私法规则能否为集体诉讼背景下的管辖权、法律冲突及判决的承认与执行提供好的解决方案，不仅需要明确欧盟国际私法规则以了解其是否与集体诉讼存在关联，也需要将现行欧盟国际私法规则置于跨境集体诉讼背景下予以检视。

第一节　欧盟跨境集体诉讼的特点及发展障碍

欧盟跨境集体诉讼是限定于欧盟内部的跨境民商事案件引发的群体性纠纷在进入民事诉讼程序以后出现的一类特殊诉讼形态，以下分析其特点及发展障碍。

一、跨境集体诉讼的特点

跨境集体诉讼之所以跨境，主要在于群体性纠纷主体或事实可能分布于内外国多个法域，与其他司法法域存在联系。这既与集体诉讼当事人人数众多有关，更是当前国际经济交往过程中人员、资本、产品跨国界频繁流动背景下民商事法律关系愈来愈呈现出跨国性的必然结果。基于欧盟政治经济一体化的推

① Commission Staff Working Document. Public Consultation：Towards a Coherent European Approach to Collective Redress，SEC（2011）173 final，p.11.

进，互联网等现代电信技术的运用也更为普遍，各成员国间的产品、货物和服务在欧盟范围内销售和流通，标准的消费者合同如保险、银行或电信部门可能影响不同成员国的消费者，遭遇不准确资本市场信息损害的投资者也可能居住于不同成员国，从而引发大量跨境群体性纠纷。同时，同一侵权事件如火车事故、飞机坠毁事件、海事事故以及环境污染事件损害的受害者也可能居住在不同成员国而引发跨境群体性纠纷。总之，群体性纠纷不再只局限于某一特定成员国内部。[①]经济全球化背景下产生的民事法律关系不得不受各国法律的调整，而进入国际民事诉讼及冲突法调整的视野。就欧盟这一特殊的经济体而言，则欧盟内部的跨境民事法律关系将不得不进入欧盟国际私法调整的视野。

二、内国集体诉讼程序处理国际案件

目前，欧盟并未有专门的跨境集体诉讼立法。欧盟集体诉讼机制的制定，各成员国间是各自为政。虽然欧盟也曾多次尝试统一集体诉讼机制，但目前仍未取得实质性的进展。加之欧盟成员国的集体诉讼制度发展不均衡，一些国家的集体诉讼向外国原告开放，而另一些国家却是为法院地国索赔人量身定做，将集体诉讼限制于国内适用。为了对涉及若干成员国原告的跨境群体性纠纷有所应对，以荷兰集体和解程序为代表的集体诉讼制度开始崭露头角。具体来看，虽然荷兰在 1994 年引入了集体诉讼，成为欧盟较早规定集体诉讼机制的成员国之一。自引进以来，集体诉讼机制越来越广泛地应用于各种各样的案件中，但此制度仅在国内案件中发挥着重要作用，并未涉及任何国际或涉外因素。随着 2005 年《荷兰集体和解法案》(WCAM)的颁布，情况有所变化。[②]事实上，荷兰集体和解制度最初也并非为处理跨境群体性纠纷案件而设计，即使处理的几个案件中都涉及外国当事人，但直至 2009 年 5 月 29 日宣布具有约束力的 Shell 和解案以及 2012 年 1 月 7 日宣布具有约束力的 Convivium 和解案后才明确其为处理具有跨境因素的群体性纠纷案件的有效救济机制。实践表明，荷兰颁布的《集体和解法案》(WCAM)非常之成功，不仅自 2005 年起已经达成了六个案件的和解并获得阿姆斯特丹法院批准，且涉案原告人数众多、涉及金额十分巨大。[③]它逐渐被

① Thijs Bosters, Collective Redress and Private International Law on the EU, T.M.C. Asser Press, 2017.
② Erik Werlauff, "Class Action and Class Settlement in a European Perspective", Eur. Bus. L. Rev. (24, 2013), p.173 .
③ Helene van Lith, The Dutch Collective Settlements Act and Private International law, Maklu Publishers, 2011.

证明已成为解决跨国境群体性纠纷的一种非常有效的救济机制。于是，2013 年 1 月，英国政府宣布，它也将按照荷兰集体和解制度的例子实施法庭外和解程序。[①]荷兰集体和解程序的成功，表明欧盟内部跨境集体诉讼问题的重要性不仅日渐凸显，而且当前的法律框架能否有效应对欧盟范围内的跨境集体诉讼问题也亟待解决。

三、发展障碍

根据欧盟成员国内国法院报告显示，越来越多的跨境群体性纠纷案件不断出现，具体跨境群体性纠纷案件主要集中于以下领域：航空运输、旅行度假、不公平商业行为、金融服务、产品责任、竞争、消费者合同和数据保护领域。跨境群体性纠纷案件分布领域广，并且表现出对跨境集体诉讼的强烈需求。因为如果对同一事件所产生损害的不同成员国受害者依各自成员国国内法主张权利的话，由于实体法的赔偿标准不一，且有些成员国也未确立有集体诉讼机制等差异，则可能会造成不公平，即一些成员国受害者能获得赔偿，而另一些成员国受害者不能获得赔偿。如果采取跨境集体诉讼，在同一个程序中共同审理，受害者就可能获得同样的赔偿。但从实践来看，跨境集体诉讼的有效运作受到一定程度的阻碍。观察欧盟内具有集体诉讼机制的 13 个成员国，除去可能受到阻碍的跨境集体诉讼外，显示成员国过去的集体诉讼中有 10％具跨境因素。[②]如果把受阻的集体诉讼包括在内，则估计有近 40%的集体诉讼索赔包含跨境因素。

伴随《阿姆斯特丹条约》的通过，欧盟成员国国际私法呈现欧盟化趋势。欧盟统一国际私法规则在内部市场的顺畅运作方面发挥着重要作用。但是，欧盟统一国际私法规则是建立在以个人权利为基础的实体民法及以单一诉讼为原则的诉讼法律制度的基础之上，对多方当事人诉讼或集体诉讼制度缺少关注。而且，欧盟集体诉讼机制的统一立法推进时也忽视了其中所涉及的国际私法问题。基于以上原因，欧盟跨境集体诉讼面临着多重法律障碍。这种现实与欧盟基于内部市场发展的需要，而要求减少跨境经济活动中法律障碍的要求不符。

跨境案件引发出管辖权及法律适用相关问题。在欧盟范围内，《布鲁塞尔条

① Astrid Stadler, “European Developments in Collective Redress”, J Eur. Consumer & Mkt. L. (3, 2014), p. 80.

② See the European Commission’s Document Overview of Existing Collective Redress Schemes in EU Member States (IP/A/IMCO/NT/2011-16).

例I》为成员国法院的管辖权分配提供了一个相当明确的监管框架，它是一个双重公约，既规定了直接管辖权规则，也规定了间接管辖权规则，即判决的承认与执行规则。另外，《罗马I》和《罗马II》统一了欧盟成员国的法律冲突规则。它们的制定均侧重于个别当事人，旨在处理单一双方当事人纠纷。集体诉讼改变了传统诉讼形式，它涉及多名原告，甚至会包括未识别的原告。于是，欧盟国际私法规则运用于跨境集体诉讼中可能会出现新的问题。

第二节　欧盟管辖权规则及其在集体诉讼中的运用

欧盟跨境集体诉讼中的管辖权问题，是一个兼具“国际性”和“区际性”民事裁判管辖权问题。由于欧盟地域的特殊性，形成了统一的管辖权规则，用于划分各成员国对跨境民商事案件的管辖权。但欧盟统一管辖权规则是建立在单一双方当事人的基础上的，并未有针对集体诉讼的跨境民事裁判管辖权规则。因而，下文有必要将现行管辖权规则置于跨境集体诉讼背景下予以检视。

一、欧盟管辖权规则

欧盟关于民商事案件管辖权的分配，并未干涉成员国内部对于管辖权的规定，只涉及欧盟与其成员国间、成员国与成员国间的民商事案件应由哪国法院管辖的问题，仅仅是在欧盟这一特定的区域性国际组织内部分配管辖权。[①]欧盟成员国法院关于民商事案件的管辖权主要依据《布鲁塞尔条例I》之规定，即NO 44/2001《欧盟民商事案件管辖权及判决的承认与执行条例》。[②]欧盟跨境集体诉讼案件中管辖权问题同样以该条例为行使管辖权的主要法律依据。

---

① 罗剑雯:《论欧盟民商事管辖权的特征》,《中山大学学报(社会科学版)》2002年第3期，第105页。

② Regulation (EU) No.1215/2012 of the European Parliament and of the Council of 12 December 2012 on Jurisdiction and Enforcement of Judgments in Civil and Commercial Matters (recast), [2012] OJL 351/1.

(一)《布鲁塞尔条例 I》的适用范围

就条例适用范围来看，该条例仅适用于涉及“民事和商业事务事项”，并不考虑管辖法院的性质。尽管大陆法系国家明确区分了公法和私法问题，但它们的界限并非是一成不变的。而普通法系国家则根本没有对公法和私法加以区分。为避免异议，该条例规定“民事和商业事项”不包括“税收、海关或行政事项”。私人当事人之间的诉讼通常属于条例的适用范围，但公共机构作为当事方的诉讼能否属于该条例的适用范围，则以公共机构是行使私权利还是行使公权利作为评判依据，即只要公共当局依私权利而不是依照公权力行事，就可以视为包括在该条例的适用范围内。例如，欧洲空中导航安全局(Eurocontrol)是一个公共机构，它请求德国法院执行比利时法院作出的判决，该判决要求德国航空公司向它支付一笔因使用其设备和服务而产生的费用。在这种情况下，尽管争议索赔请求具有私法性质，但欧洲空中导航安全局是按照公权力行事，它对德国航空公司的服务是具强制性和排他性的。因此，欧洲法院认为：“尽管某些公权力机构当事方可能属于公约范围，但当它们行使公权力时则不属于公约的范围。”①

(二)被告居所地规则

《布鲁塞尔条例 I》第 2 条规定了管辖权的一般规则：“无论被告的国籍如何，由被告住所成员国法院行使管辖权。”此一般管辖权规则反映了一种最大限度的原告就被告规则，即原告应当在被告住所地法院提起诉讼而不是依据被告就原告规则向对其有利的法院起诉。②事实上，原告就被告原则是得到普遍认可的。马丁沃尔夫曾认为：“原告的利益是在他能预见可以执行他所获判决的法院起诉，若与被告的利益冲突就不能得到保护，这是从被告可以要求比原告得到更大的保护这个一般原则所得出的必然结论。”③然而，被告的住所地分为自然人的住所地和法人的住所地。《布鲁塞尔条例 I》第 60 条为确定法人的住所地提供了三个可以选择的标准，包括法定住所地、管理中心地或者主要营业地。法人的住所地体现了该条例管辖权依据极广之特点，在一定程度上将会增加管辖权

---

① Case C-29/76, LTU Lufttransportunternehmen GmbH & Co. KG v. Eurocontrol, ECR [1976] I-1541.

② [比] 卡尔斯特：《欧洲国际私法》，许凯译，法律出版社 2013 年版，第 98 页。

③ [德] 马丁 · 沃尔夫：《国际私法》，李浩培、汤宗舜译，北京大学出版社 2009 年版。

积极冲突产生的可能性，同时，还可能会导致挑选法院的现象出现。

依照《布鲁塞尔条例 I》第 6(1)条规定，当被告有多人且其住所分处不同成员国时，可在任一被告住所地法院起诉多名被告。该条款通过授予原告在多个被告住所地法院之间的选择权，以达到汇集诉讼于一国的目的。[①]该立法的主旨是为避免矛盾判决的产生，利于外国判决的承认与执行。[②]此条款具有程序效率的优势，但因其管辖范围广泛，可能会被滥用。因而，应当对此条款的适用加以限制，使其既不能削弱被告通常应在其住所地成员国被诉这一原则，也不能仅仅为了剥夺一个被告住所地法院的管辖权而援引。[③]欧洲法院在 Kalfelis v. Schroder 案中，认为针对不同被告的诉讼请求之间应当有所关联，但欧洲法院未对此种关联所达到的相关程度有所规定，仅要求此种关联使得合并审理上述诉讼请求具有相同的法律问题和事实问题时适用。[④]但事实上，多数情况下，诉讼请求之间的关联程度是难以确定的。

(三)特别管辖权规则

特别管辖权，是指由于诉讼标的具有特殊性，而可由被告住所地以外的其他法院行使管辖权。[⑤]依据《布鲁塞尔条例 I》之规定，这不仅体现了法院的管辖权与事件或案件具有特别密切关系，同时还对平衡双方当事人的诉讼能力起到了一定作用，进而为原告提供了可在多个管辖权基础中作出选择的机会。例如，在侵权案件中，原告既可以根据该条例第 2 条向被告住所地法院起诉，亦可以根据该条例第 5 条第 3 款在侵害事件发生地国法院起诉。因而，根据互相信任原则，原告可以根据被告住所的一般管辖权基础和特别管辖权基础作出选择。

(四)保护性管辖权规则

《布鲁塞尔条例 I》最明显的特征之一便是包括为保护弱势方当事人而制定的保护性管辖权规则，其目的是对抗与消除某些格式合同的当事人强制另一方当事人接受相关合同条款之不利影响。条例对弱者当事人的保护，并未采取一

---

① 徐宇：《涉外多方诉讼中的国际私法问题比较研究》，《国际法与比较法论丛》(第一辑)，李双元主编，中国方正出版社 2001 年版，第 580 页。

② See the Jenard Report，p.27.

③ See the Jenard Report，p.26.

④ Case C-189/87，Kalfelis v. Schroder，Munchmeyer，Hengst & Co，ECR ［1988］ I-5579.

⑤ 黄进、邹国勇：《欧盟民商事管辖权规则的嬗变——从〈布鲁塞尔公约〉到〈布鲁塞尔条例〉》，《东岳论丛》2006 年第 5 期。

种单一管辖权的立法方法，而是通过给予作为原告弱方当事人可以在不同成员国之间进行管辖权选择的方式予以保护，即采取增加选择管辖法院机会的方式。根据《布鲁塞尔条例 I》，对于被保护的类型主要包括保险合同、消费者合同以及雇佣合同。

(五) 专属管辖权规则

专属管辖权在确保一国安全乃至利益方面有着重要作用。依《布鲁塞尔条例 I》之规定，对于五种类型的案件制定了专属管辖权，即不动产问题、公司法方面的问题、公共登记问题、知识产权以及判决的执行问题，它规定了有关成员国具有专属管辖权。同时，赋予了此种管辖权以最高效力，如此，不仅不需要考虑是否存在其他管辖权基础，而且当事人间与之相反的管辖权协议亦为无效。其主要立法目的是为保护行使专属管辖权国家的利益。

(六) 协议管辖规则

协议管辖，即双方当事人在争议发生前后约定由某一特定法院对他们之间的争议进行审理的管辖权制度。[①]事实上，协议管辖不仅是尊重当事人意思自治的体现，更是避免管辖权冲突的方法之一。当事人可以通过订立管辖权协议的方式约定在特定的法院或特定成员国的法院进行诉讼。因而，无论是《布鲁塞尔公约》还是《布鲁塞尔条例 I》，对于管辖权协议均给予了充分的尊重，但同时也附加了一些条件，即法院选择协议不得适用于第 22 条专属管辖权所确立的事项，另外，也不能抵触有关保护性管辖权规则中的相关规定。

(七) 应诉管辖规则

《布鲁塞尔条例 I》第 24 条规定："除了根据本条例其他规定的管辖权之外，一个成员国法院对出庭应诉的被告有管辖权。但如该被告出庭应诉只是为了抗辩管辖权，或者按照第 22 条规定法院应有专属管辖权者，则不适用于本条。"应诉管辖权或者称默示同意管辖权的规定，其最为主要的考虑在于某些成员国国内法中的过度管辖权规定。

---

① 黄进、邹国勇：《欧盟民商事管辖权规则的嬗变——从〈布鲁塞尔公约〉到〈布鲁塞尔条例〉》，《东岳论丛》2006 年第 5 期。

（八）协调管辖权冲突的规则

为协调管辖权冲突而避免平行的诉讼程序，《布鲁塞尔条例 I》第 27 条和第 28 条规定了未决诉讼和关联诉讼规则。

《布鲁塞尔条例 I》第 27 条是关于未决诉讼之规定，根据条文规定，当涉及同样当事人之间就同一诉因在不同成员国法院提起的诉讼程序，第 1 款规定受理法院必须中止程序，第 2 款规定如果首先受理法院管辖权被确立，首先受理法院以外的法院应该放弃管辖权。其主旨在于要求后受理法院，而非首先受理法院，让位于首先受理法院，以避免多个诉讼程序同时进行。从条文可以看出，第一，后受理法院必须中止程序具强制性。即使首先受理法院在一段合理的时间内没有决定管辖权问题，后受理法院也无权审查首先受理法院的管辖权。第二，后受理法院必须中止程序的条件是符合相同当事人以及相同诉因之要求。这一要求早在欧洲法院的 Gubish Machinenfabrik 案①和 The Tatry 案②中已有阐明。具体就第 27 条适用的要求来看，欧洲法院为欧盟合理的司法管理以阻止平行诉讼程序和冲突的判决产生而进行自主解释。③

《布鲁塞尔条例 I》第 28 条是关联诉讼规则，根据条文规定，由后受理法院根据自由裁量权决定其是否中止诉讼，而未有特殊条件之要求。依照关联诉讼的第 28 条第 1 款和第 2 款规定，如果在不同成员国法院的关联诉讼是未决的，首先受理法院外的任何法院可以中止诉讼程序。若诉讼尚在审理，首先受理法院对诉讼有管辖权，后受理法院应当事人申请可以放弃管辖权而使首先受理法院确立管辖权，其前提是该法院国法允许有关联的诉讼案件合并审理。从第 28 条第 3 款条文看，关联诉讼为诉讼具有如此紧密的联系，合并审理并作出判决可有效避免分别审理得出不一致判决的风险，但在关联诉讼的界定上仍存争议。在 Tatry 案中，欧洲法院强调，关联诉讼规则是为避免冲突判决的出现，以确保欧盟的合理司法管理。因而，关联诉讼的定义应采取广泛的概念，其包括了所有可能产生冲突判决的情形，即便判决可以单独分开执行或者它们的法律后果不具排他性。④从此方面来看，关联诉讼规定填补了严格解释同样当事人的空隙，根据第 28 条规定，后受理法院中止程序或放弃管辖权完全是自由裁量的。

---

① Case C-144/86, Gubisch Maschinenfabrik v. Palumbo, ECR ［1987］ I- 4861.

②④ Case C- 406/92, The Tatry, ECR ［1994］ I-5439.

③ 支持欧洲法院自主解释的原因主要是：一是欧盟各成员国关于未决诉讼的概念各不相同；二是如果通过合并各成员国不同法律相关规定的方式，未决诉讼概念的统一不能达成；三是第二十七条最好用超各成员国的欧洲方式来定义。

二、欧盟管辖权规则在集体诉讼中的应用

欧盟关于跨境民商事案件管辖权的规则主要体现在《布鲁塞尔条例 I》，它是以被告居所地管辖权为一般性管辖规则，同时还提供了一些特殊管辖权规则，该条例中并未有针对跨境集体诉讼的任何专门性管辖权规则。尽管欧洲立法机构对《布鲁塞尔条例 I》修订时，曾考虑到跨境集体诉讼的特殊性，但他们担心在此问题上的争议性会阻碍《布鲁塞尔条例 I 修订案》的顺利通过，于是，最终便放弃了为集体诉讼制定专门性管辖权规则。最后，于 2015 年 1 月生效的《布鲁塞尔条例 I 修订案》也未能解决跨境集体诉讼中的管辖权问题。跨境集体诉讼的诉因可能是来自合同也可能是由侵权引发，下面将结合最容易引起跨境集体诉讼的领域的相关管辖权规则予以分析。

（一）被告居所地管辖规则的应用

《布鲁塞尔条例 I》第 2 条为一般性管辖规则，它规定原告应当向被告居所地的法院提起诉讼。事实上，《布鲁塞尔条例 I》是以原告就被告原则为基础，特殊或保护性管辖权规则为例外。正如序言所提道："本条之管辖权规则应当具有高度的可预见性，其必须建立在被告住所地国管辖一般规则之上。在某些特殊情况下，比如存在特别的诉讼标的或者当事人之间存在选择法院协议，此时基于本条例之管辖权引入应当得到确保。"

具体来看，《布鲁塞尔条例 I》第 2 条规则允许向被告居所地法院提起诉讼请求，其前提是只要被告居所地在欧盟成员国。[①]由于集体诉讼判决对集体所有成员具有拘束力效果，因而法院必须对所有集体成员提出的索赔请求具有管辖权。就被告居所地管辖规则在集体诉讼案件中的应用来看，被告居所地管辖规则的应用没有任何问题。就集体诉讼的特殊性而言，它分为原告一方当事人为多数人或被告一方为多数人或两方当事人均为多数人，本书所指称的集体诉讼是指原告一方当事人为多数人的集体诉讼。它的特点是，原告不是个体，而是由居住在同样或不同成员国的一群个体组成，并未涉及被告一方，因而被告居所地规则的适用较传统个别诉讼而言，没有任何变化。因此，有人建议把被告居所

① 参见《布鲁塞尔条例 I》第 2 条规定。

地作为集体诉讼案件的排他性管辖权基础。因为集体诉讼往往处理不止在一个成员国疆域内的跨境侵权行为，同时遭受损害行为的受害者或消费者也来自不同的成员国。被告居所地似乎是唯一可以集中处理所有诉讼请求和利益而合并审理的法院地。如果被告居所地成员国规定有集体诉讼机制，便可以提起集体诉讼请求。

当涉及多名被告在不同成员国分别具有居所地时，原告便只能分别在不同成员国分别提起单一诉讼，其原因在于一成员国对在其域内无居所的其他被告无管辖权。因此，《布鲁塞尔条例 I》第 6(1)条规定了关联诉讼案件的管辖权，是《布鲁塞尔条例 I》第 2 条的例外，即当居住在不同成员国的两名或多名被告，只要有关请求存在密切联系，原告则可以选择在任一被告居所地成员国法院共同起诉所有被告。[①]此规定的目的是为避免因分别审理而致相抵触判决的风险。例如，如果有两名被告，一名居住在英国，另一名居住在德国，原告可以选择在英国法院或德国法院提起诉讼。由此可知，多名被告管辖规则在被告一方为多数人的集体诉讼中的应用不会产生任何问题。但此管辖权规则能否扩大适用于原告一方为多数人的集体诉讼案件还值得商榷。

同时，有人认为，如果把管辖权给予被告居所地以外的其他法院，可能会产生一系列问题。一是可能会造成原告集体成员之间的不公平，因为诉讼可能在一些原告成员的居所地国法院提起，而不是其他成员的居所地国法院；二是可能会产生挑选法院的现象，因为原告或代表机构可能会选择在程序上可以获得更大利益的成员国提起诉讼；第三，特别是在那些提供有强有力的集体诉讼程序保障的欧盟成员国，被告将可能遭遇诉讼冰雹；第四，给予不止一个法院管辖权意味着法院将可能会面临在其他不同成员国同时提起的诉讼从而引发平行诉讼。[②]

然而，对于集体诉讼，如果只给予被告居所地法院排他性管辖权，也并非理想。因为：第一，明显偏向被告，而被告往往是经济上较原告处于相对强势的位置。第二，外国原告将不得不跟随被告在其居所地国提起诉讼，这可能对拟定的原告集体成员具有一定的抑制作用。因为集体诉讼的主要特征是对大规模损害的受害者作出切实可行的赔偿，即使每一受害者的损失太小而在个别诉讼中难以证明。而向被告居所地国法院提起诉讼，较原告集体成员在自己居所地国法

---

① 参见《布鲁塞尔条例 I》第 6(1)条规定。

② Arnaud Nuyts, “The Consolidation of Collective Claims under Brussels I”, Cross-border Class Actions(2014), p.72.

院提起集体诉讼而言，可能出现的问题是，在外国提起集体诉讼可能会涉及更高的花销和风险。因此，外国集体成员可能会拒绝向被告居所地国法院提起集体诉讼。第三，此规则还可能使被告负担额外的费用。第四，被告居所地管辖规则还可能会为设立居所地在未提供任何有效集体救济成员国的企业创造一个安全的港湾。公司为逃避集体诉讼的风险可能会蓄意选择把其公司的居所地设立在没有任何集体诉讼机制的国家。例如一些企业可能会将其居所地设立在目前对集体诉讼形式仍敌意的国家。相反，一些公司可能已经设立在集体诉讼机制运用较为广泛的成员国。最后，这与一个共同司法领域的理念或避免内部市场竞争扭曲的目标似乎不一致。①

（二）特别管辖权规则的应用

特别管辖权只有在存在一种合适的连结因素或者诉因与法院地所在的成员国存在密切联系的情形下得以适用。特别管辖权规则制造了一种补充性的管辖权规则，在满足这些规则的案件中，原告可以依据自己的意愿，选择这一规则规定的法院或者被告住所地的法院起诉。②

1. 合同案件

《布鲁塞尔条例 I》第 5(1)条规定："在一个成员国有住所的人得在其他成员国被诉：1.(a)有关合同的案件，在债务履行地法院；(b)为适用本规则，除非另有约定，货物销售合同的债务履行地应在合同规定之交付货物或应该已经完成货物交付地的成员国；提供服务合同的债务履行地，应在合同规定之提供服务或应该已经提供服务地的成员国；(c)如果(b)项不能使用，则适用(a)项的规定。"

欧盟委员会在《消费者集体诉讼绿皮书》中确认了《布鲁塞尔条例 I》第 5(1)条规则在集体诉讼案件中的可适用性，指出："代表诉讼不得不根据该条例第 5(1)条规则向合同债务履行地法院提起诉讼。"③但事实上，第 5(1)条规则应用于集体诉讼案件并非委员会建议中如此简单，需要克服许多困难。

从理论方面来看，如果在集体诉讼案件中，采用债务履行地连结点，此连结点可能与不同成员国相联系。对企业被告提起的代表诉讼损害赔偿请求产生于

---

① H. Muir Watt, "Brussels I and Aggregate or the Case for Redesigning the Common Judicial area in order to Respond to Changing Dynamics, Functions and Structures in Contemporary Adjudication and Litigation", IPRax(1, 2010), p.122.

② [比]卡尔斯特：《欧洲国际私法》，许凯译，法律出版社 2013 年版，第 100 页。

③ Green Paper on Consumer Collective Redress, COM (2008)794 final, para.58.

合同，如果进入此诉讼程序的拟定集体原告居住在不同成员国，并且货物分别在这些成员居所地交付，则每一个合同中的交付地点均不同。便会产生以下疑问，集体诉讼案件能否在任一履行地法院提起诉讼，何国法院对所有合同的诉讼请求进行审理是适格的？ 管辖权范围是否必须限制于与合同有实际联系的特定国家？

从欧洲法院实践来看，在极少的合同债务履行地不止一个地方的合同案中，欧洲法院认为，与其给予每一履行地在其领土范围内有限的管辖权，不如给予一个法院授予其对所有合同的管辖权。在 Color drack v. Lexx 案[①]中，欧洲法院否定了每一交货地法院仅可以审理其领土内与具体交付相关的争议，认为货物在一个成员国的几个地方交付的，主要交付地法院可以审理所有基于合同的诉讼请求，并且此地不以经济水平决定，原告可以选择在其交付地起诉。

随后在 Rehder v. air baltich 案件[②]中，原告和被告订立了服务合同，由被告提供德国飞往立陶宛的航班。由于航班取消，原告在德国法院提起损害赔偿诉讼请求。尽管德国法院确立了管辖权，但由于德国是起飞地，上诉法院慕尼黑高等法院认为，“飞机航运服务债务履行地应该是航运公司主要办公地，在此案中即拉脱维亚”。欧洲法院认为，“在多个成员国提供服务，与合同有最近联系的成员国法院有管辖权”。“飞机起飞地和降落地都与合同有充分紧密的联系，并且在合同中获得合意，原告可以在两者中任一地点提起由履行合同产生的所有损害赔偿请求”。[③]欧洲法院认为，在一个合同中，如果在不同成员国有不同的债务履行地时，主要合同履行地行使管辖权。

由此可知，以上处理的是一个合同中不止一个履行地的案件。而集体诉讼案件处理的是一种不同的情况，集体诉讼案件中的多个履行地产生于当事人之间的多个合同，即有许多独立的合同，这些合同的一部分完全在一个成员国履行，而另一部分在另一成员国履行，主要合同履行地将难以确定。因而存在多个债务履行地将难以确定。

2. 侵权案件

《布鲁塞尔条例 I》第 5(3)条规定有关侵权行为或准侵权行为案件，在损害行为发生地或可能发生地法院可以提起诉讼。关于这一条款的适用，有很多判

---

① Case C-386/05, Color Drack GmbH v. Lexx International Vertriebs GmbH, ECR [2007] I-3699.

② Case C-204/08, Rehder v. Air Baltic Co., ECR [2009] I-06073.

③ Case C-204/08, Rehder v. Air Baltic Co., ECR [2009] I-06073, at paras 39-44.

例。在Bier案中，欧洲法院认为损害行为发生地这个连结因素既包括侵权行为发生地，也包括损害结果发生地[①]。

此条款适用的前提条件是损害行为发生地法院允许集体诉讼，否则只能由原告分别对被告提出个人索赔请求。仅当损害行为发生地被解释为侵权行为发生地时，此规则可以运用于跨境集体诉讼案件不会出现任何问题。首先，侵权行为发生地拥有广泛的管辖权，可以受理遭受损害的全部诉讼请求。其次，侵权行为发生地对于所有原告集体来说，包括居住在侵权行为发生地成员国以外的原告，均是不可变的。再次，侵权行为发生地法院往往也是被告居所地，此时则与条例第2条一般管辖权规则是一致的。[②]

而当损害行为发生地被解释为损害结果发生地时，运用于跨境集体诉讼案件时则可能会出现问题。主要表现为，其一，在一些特殊案件中，损害结果发生地十分重要。例如，在产品责任案件中，它是一个产品生产链，缺陷产品造成的损害地有时较产品交付地更为重要。其二，出现多个成员国的多个损害结果发生地的情况将难以确定。其三，损害结果发生地法院具有有限的管辖权，它只能受理与当地损害有关的诉讼请求。

（三）协议管辖规则的应用

依照《布鲁塞尔条例I》第23条规则，如果当事人的一方或数方在一个成员国有住所，协议约定某一成员国的某一法院或某些法院有管辖权以解决因某种特定法律关系而已经产生的或可能产生的争议，则只有该被指定的法院或这些法院具有管辖权。该管辖权应是专属的，除非当事人另有约定。但是法院选择协议不得适用于第22条专属管辖权所确立的事项。同时也不能抵触保护性管辖权规则。具体看，条例虽然给予了当事人意思自治在管辖权领域的尊重，出于保护当事人利益的目的，规定了此种管辖权的协议应当符合以下要求：应该是书面的或有书面证明；或者符合当事人之间业已确立的惯例的形式；或者在国际贸易或商务中，符合双方当事人意识到或应该已经意识到的通常做法的形式，并且在这类贸易或商务中，这种形式已经为该类特定贸易或商务中相同类型合同的双方当事人广泛知晓并被通常遵守。依照协议管辖规则的形式要求，在集体

① Case C-21/76，Mines de Potasse d' Alsace，ECR ［1976］I-1735.

② Eva Lein，“Cross-border collective redress and jurisdiction under Brussels I：a mismatch”，Extraterritoriality and collective redress (2012)，para.8.15.

诉讼案件中，双方当事人要达成合意比较困难。

协议管辖规则应用于集体诉讼案件可能会引发如下问题：对代表机构代表实际当事人而达成协议选择法院的质疑。事实上，在合同案件中，协议选择法院通常是在争议发生之后达成的，在此种情况下，具有法律地位提起集体诉讼的代表能否代表全部集体成员与被告达成协议受到质疑。从欧洲法院的实践来看，2013 年 2 月，在 Refcomp 案[①]中，第三方是货物的分包商，并且在货物制造商和第一买方之间订立了法院协议选择条款。欧洲法院认为，双方缔结的合同中约定的管辖权条款不能针对第三方，除非根据第 23 条规定的条件，该第三方实际上已同意该条款。[②]根据欧洲法院对于《布鲁塞尔条例 I》第 23 条的解释，认为与第三方的任何协议都要求“利益相关方或第三方”的同意符合本条的形式要求，即第 1 款要求以书面协议或以符合当事方认可做法的形式，或最后根据(c)条符合国际贸易或商业使用的形式。这就意味着只有当“利益相关方”根据第 23(1)条所述的形式作出意思表示时，才构成同意达成法院选择协议。通常被动的代表“利益相关方”并不满足书面形式的任何要求，并且在国际贸易或商业中没有把被动解释为同意的习惯。[③]

在集体诉讼程序中，根据集体诉讼具体形式的不同应该分不同的情况考虑。如果集体诉讼采取“选择加入”机制，认为任何选择加入的原告都已授予提起代表诉讼的机构或组织代表权以处理整个诉讼程序，推定与被告之间的协议选择法院条款包括在内是比较合理的。而在 “选择退出”机制集体诉讼中集体成员为拟定所有成员，其中还可能包括未识别当事人，同意达成协议选择法院则较为困难。

(四)保护性管辖规则的应用

《布鲁塞尔条例 I》的特征之一在于包含了为保护弱方当事人而制定的特别的保护性规定。对于提供保护的方式，均是以尊重被视为弱者当事人的意思自治的方式为它们增加在自己住所地国家的法院提起诉讼的选择机会。对于消费者合同和保险合同，消费者或者被保险人除了可以在被告住所地国法院提起诉讼外，还能选择在自己住所地国法院提起诉讼；而涉及雇佣合同时，则增加了雇

① Case C-543/10, Refcomp SpA v. Axa Corporate Solutions Assurance, SA ECJ.

② Mihail Danov, “the Brussels I Regulation: Cross-border Collective Redress Proceedings and Judgements”, J. Priv. Int’ L.(6, 2010), p. 359.

③ Helene van Lith, The Dutch Collective Settlements Act and Private International law, Maklu Publishers, 2011.

佣地法院管辖的规定。下面将以消费者合同案件为例，予以说明。

在消费者合同案件中，根据《布鲁塞尔条例Ⅰ》第15条规定[①]，第16(1)条[②]允许消费者选择在被告居所地法院或消费者自己惯常居所地法院提起诉讼请求。此规定只给予消费者单方面选择权，因为第16(2)条规定，合同另一方当事人对消费者的诉讼只能在消费者住所地成员国法院提起。

某一成员国消费者居所地国法院不能对由不同成员国消费者组成的集体诉讼案件行使管辖权。因为依据条例第16条规定，不同成员国消费者只能在各自的居所地国法院和被告居所地国法院选择提起诉讼请求。例如，法国消费者可以在法国法院对德国银行提起诉讼请求，而来自卢森堡的消费者可能希望基于同样事实对德国银行提起诉讼请求，[③]但是依据第16条规定，他只能选择在德国银行居所地国法院或其居所地卢森堡国法院提起诉讼，却不能加入法国的集体诉讼程序。

此外，依据《布鲁塞尔条例Ⅰ》第16条第(1)款，欧洲法院赋予消费者在自己居所地提起诉讼的可能性。代表诉讼的代表能否被视为第15条所指的消费者，是援引此条款的标准。如果消费者保护组织为了公共利益寻求强制令或由任何其他法人根据其贸易或专业活动采取诉讼而未直接代表识别或可识别的消费者行事，那么这种情况不能适用。[④]

保护性管辖规则主要是允许消费者在其惯常居所地国法院提起诉讼而设计。根据保护性管辖权规则，由不同成员国消费者提起的诉讼请求并不能在其中一些消费者居所地成员国法院合并审理。并且在代表公共利益的代表诉讼中，消费者惯常居所地法院是不能适用的。

（五）协调管辖权冲突的规则的应用

1.未决诉讼规则的应用

《布鲁塞尔条例Ⅰ》第27条处理涉及同样当事人之间就同一诉因在不同成员国法院提起的诉讼程序，第1款规定的是后受理法院必须中止程序情形，第2款

---

① 参见《布鲁塞尔条例Ⅰ》第15条。

② 参见《布鲁塞尔条例Ⅰ》第16(1)条。

③ Eva Lein, "Cross-border Collective Redress and Jurisdiction under Brussels Ⅰ: a Mismatch", Extraterritoriality and Collective Redress(2012), para. 8.17.

④ Eva Lein, "Cross-border Collective Redress and Jurisdiction under Brussels Ⅰ: a Mismatch", Extraterritoriality and Collective Redress(2012), para. 8.19.

规定如果首先受理法院管辖权被确立，首先受理法院以外的法院应放弃管辖权。其主旨是要求后受理法院让位于先受理法院，以避免多个平行诉讼程序同时被提起。就第27条的适用情况而言，欧洲法院为促进欧盟司法管理的合理化，以阻止平行诉讼程序和冲突的判决产生而做出解释。[①]从目前看，还未有关于集体诉讼案件的司法实践。

基于未决诉讼中的时间优先规则，将可能引发诉讼竞跑现象。原告集体或者被告都可能争先提起诉讼请求而引起消极的影响。一方面，在相应法院提起诉讼的原告集体可以根据诉讼请求定义诉讼的范围而从中获利，这对于在其他平行的集体诉讼程序中，未选择加入、选择退出或未选择退出的集体成员来说是不公平的。另一方面，被告可能争先获取消极确认之诉，从而阻止集体诉讼地发生。

而具体就未决诉讼规则在集体诉讼背景下的应用来看，因为未决诉讼规则的适用条件需满足“同样当事人”之要求。如果欧洲法院采用严格的当事人概念，要求当事人严格匹配。从这个方面来看，除非集体成员中的一些当事人是同样的，否则未决诉讼规则难以应用于集体诉讼案件。因为集体诉讼涉及大量的当事人，其中有些当事人是未识别的。此外，在代表诉讼形式下，诉讼当事方并非案件中的实际当事人，而是代表机构或组织。集体诉讼中相同当事人的认定程序较为复杂。

2.关联诉讼规则的应用

《布鲁塞尔条例I》第28条规定在不同成员国法院的关联诉讼未决时，后受理法院可以自由裁量决定是否中止其诉讼程序。依据第28条规定，其适用并不需要满足同样诉因或同样当事人之要求，如果集体诉讼是相关联的，此规定就相关。该条的目的在于防止出现相互冲突的判决，以促进欧盟区域内合理的司法关联。因此，关联案件的解释必须是十分宽泛的。[②]在跨境集体诉讼案件中，关联诉讼规则的适用条件是需满足集体诉讼具有相关联性，此处关联案件的认定应当包括一切可能产生抵触判决的案件。但是，此规则并非具有强制性，由成员国法院自由裁量决定是否中止诉讼，因而具有不确定性。

---

① 支持欧洲法院自主解释的原因主要是：一是欧盟各成员国关于未决诉讼的概念各不相同；二是如果通过合并各成员国不同法律相关规定的方式，未决诉讼概念的统一不能达成；三是第二十七条最好用超各成员国的欧洲方式来定义。

② ［比］卡尔斯特：《欧洲国际私法》，许凯译，法律出版社2013年版。

第三节　欧盟冲突规则及其在集体诉讼中的运用

跨境集体诉讼案件法律适用问题涉及集体诉讼与欧盟统一冲突规则的相互交错，因而下文将在了解欧盟统一冲突规则的基础上，探究其应用于跨境集体诉讼背景中。

一、欧盟统一冲突规则

在国际私法中，产生法律冲突的主要原因在于各国民商事法律对同一涉外民商事法律关系的规定存有差异，加之，解决法律冲突的各国冲突法本身也具冲突性，从而增加了涉外民商事法律关系的复杂性和当事人权利义务的不确定性，这将导致当事人频繁地挑选法院之现象。[①]为防止挑选法院现象，欧盟各成员国已制定了旨在统一合同之债和非合同之债法律选择规则的公约。但由于对跨境集体诉讼中的法律适用问题，并没有专门的法律选择规则。于是，就目前而言，跨境集体诉讼中的法律适用问题以欧盟现有法律选择规则为依据，具体包括统一合同之债的法律选择规则《罗马I》和统一非合同之债的法律选择规则《罗马II》。

(一)合同案件

最初，为防止挑选法院现象发生，欧盟各成员国确立了一部旨在统一合同债权法律选择规则的《罗马公约》，该公约于1991年生效。它的诞生在一定程度上为欧盟经济一体化清除了法律制度上的障碍，利于促进商品、资本和服务在欧洲共同市场的自由流动，更利于避免挑选法院现象出现。[②]

而1997年《阿姆斯特丹条约》的颁布使欧洲共同体在国际私法领域取得了

① 袁泉：《欧盟国际私法条约与荷兰国际私法》，《南京大学法学评论》2002年第2期。
② 王秀转：《欧盟合同之债的法律适用制度的改革——从公约到条例的转变》，《国际商法论丛》2008年第5期。

直接立法权，此时，亟须将《罗马公约》提升至共同体层面的立法，进而转化为条例，以加强共同体内部国际私法统一化的程度。条例中还明确规定了将法律解释权赋予了欧洲法院，以帮助完善《罗马公约》。由此，欧盟各成员国根据《罗马 I》确定合同准据法。

《罗马 I》遵循三大基本原则：其一，当事人意思自治原则；其二，有利于国内市场发展的高度可预见性原则；其三，合同所适用最密切联系原则。①

1.意思自治原则

意思自治原则为其中主要原则。《罗马 I》第 3 条第 1 款，即当事人意思自治原则。从法律选择范围来看，一是只要选择合法有效，当事人便可自由选择要适用的法律且合同应依当事人所选择，二是除不得以法律选择规避欧洲共同体法的强制性规定外，其所选择的法律不需要和当事人或合同有任何联系；从法律选择方式看，只要有清晰的前提说明，法律选择则可以使用明示或默示的方式，即"法律选择必须通过合同条款或者具体情况清楚地表明"；从选择时间看，法律选择是允许事后变更的，根据《罗马 I》第 3 条第 2 款，双方当事人可以随时变更合同准据法，他们可以随时约定合同受它原先所适用法律以外的另一法律支配，但在合同订立后进行的一切准据法的变更，既不得影响合同形式的有效性，也不得妨碍第三人的权利。

2.未协议选择法律时准据法的确定

当未选择法律时准据法的确定方法②，具体为：一是将特征性履行理论提升为未选择法律时确定合同准据法的主要方法。首先，如果不属于第 5 条至第 8 条所规定的关于运输合同、消费者合同、保险合同和个人合同的四类特殊性合同，它们分别根据具体的特征性履行规定了合同的法律适用方法。③其次，对于不属于所列合同类型，则适用提供特征性履行的一方当事人的惯常居所地国法④。以上规定表明，《罗马 I》将特征性履行理论作为当事人未选择法律时确定合同准据法的主要方法，而并非为最密切联系原则的补充。二是最密切联系原则作为

① ［比］卡尔斯特：《欧洲国际私法》，许凯译，法律出版社 2013 年版。

② 在欧洲大陆法系的立法中，特征性履行规则成为一种优先性规范，最密切联系原则退居次席。《罗马 I》为解决两者之间的分歧，消灭可预见性与适当性之间的冲突，进而要求法院归结合同的特征以及：(1)分析该合同是否属于条例第 4 条 1 款规范的合同；(2)如果不属于第 1 款描述的合同或者涉及第 1 款 a 项至 h 项规定两种以上因素的合同，则应适用代表合同特征性履行的一方当事人惯常居所地国法；(3)当合同明显地与第 1 款或第 2 款所指国家以外的另外一个国家有更密切联系时，则适用该另一国法律：这就是条例的例外条款。如果根据第 1 款或第 2 款不能确定应适用的法律，则合同应适用与其有最密切联系的国家的法律。

③ 参见《罗马 I》第 4 条第 1 款。

④ 参见《罗马 I》第 4 条第 2 款。

例外或补充，即兜底条款。最密切联系原则在《罗马公约》中曾是当事人未选择法律时确定合同准据法的主要原则，但在《罗马I》中成为兜底条款后，根据《罗马I》第4条第4款，“如果不能根据第一、第二款规定确定合同准据法，则合同适用于与其最密切联系国家的法律”。三是为避免具体规则和特征履行性规则所导致的在确定法律适用上的刻板，《罗马I》还确立了例外条款，据条例第4条第3款规定，合同与另一个国家存在明显密切联系，应该适用于另一国的法律。其中可以看出，条例中对例外条款的要求较为严格，即只有当合同与另一国的密切联系“明显”时，才可能适用。其目的是要求法院予以适用时必须采取谨慎态度，以避免法律滥用而导致法律适用的不可预见性。[①]

总体来看，《罗马I》以加强法律的确定性、可预见性和透明度为主要目的。例如《罗马I》第3条第1款要求当事人的法律选择必须是明示的，否则必须在合同条款或案件情况中清晰地体现出来，以保护法律选择的确定性和法律适用结果的可预见性，如此将利于限制法院在决定当事人选择法律上的自由裁量权。又如，最密切联系原则作为例外或补充的适用，实现了法律的确定性和可预见性之目的，削减了《罗马公约》中最密切联系原则作为当事人未选择法律时确定合同准据法的主要原则。再如，为加强法律的确定性和可预见性目的，强化对例外条款的适用限制。此外，加强对弱方当事人正当权益的保护。保护弱方当事人的合法权益是欧盟的一项基本政策，在合同领域，国际私法中的弱方主要包括消费者、雇佣合同中的受雇人、技术转让合同的技术受让方等。条例为保护以上弱者，制定了适用弱势一方惯常居所的特殊冲突规则。

（二）侵权案件

2009年1月11日生效的《欧洲议会与欧盟理事会有关非合同之债的法律适用条例》（简称《罗马II》）统一了欧盟的侵权法律适用规则。它的出现大大提高了欧盟成员国侵权之债法律适用结果的确定性与可预见性，同时避免了当事人选择法院的可能性，使得案件无论在哪个成员国被提起，均都能获得相同的判决结果，有利于内部市场的顺畅运作。

《罗马II》关于侵权法律选择的内容可以分为三大部分：即一般侵权规则、特殊侵权规则和例外规定。在一般侵权行为的规则体系中，条例中不仅提供了

---

① 李凤琴：《欧盟合同之债法律适用制度的新发展》，《时代法学》2010年第2期。

一般性规则，也包含了特殊规则和例外条款。

1.一般侵权行为的法律选择规则

《罗马 II》第 4 条第 1 款规定了一般侵权行为的一般性规则，即损害结果发生地国法，这来源于欧盟成员国冲突法中的侵权行为地法规则。根据欧洲议会《立法意见》第 15 条规定："侵权行为地法实质上是所有成员国有关非合同之债的基本解决方案，但若出现案件的构成因素分布于几个国家的情形，该原则的实际应用将会发生变化，这种情形增加了法律的不确定性。"较侵权行为实施地，损害发生地的确定容易很多。通常适用损害结果发生地法即为被侵权人的属人法，而非侵权人的属人法。欧洲议会《立法意见》第 16 条规定："统一规则应当提高法院裁判的可预见性，在被请求承担责任人与受害人利益之间保持一种合理均衡。与直接损害发生地国的联系能使被请求承担责任人与受害人的利益之间达成平衡，并且也反映出了民事责任的现代趋势及责任体系的发展趋向。"然而，西蒙尼德斯指出，"在现实的跨境侵权案件中，假如行为实施地国家对于侵权人苛以比损害发生地国家更高的标准，那么这种情况下再适用损害结果发生地法就不见得对受害人有利"。①

而关于侵权行为地法的第一个特殊规则便是共同惯常居所地国法规则，《罗马 II》第 4 条第 2 款规定："损害发生时，被请求承担责任人与受害人在同一国拥有惯常居所，则应适用该共同惯常居所地国法。"共同惯常居所地国法规则不仅体现在一般侵权行为的法律选择中，也成为条例第 5 条的产品责任、第 9 条的劳工行为以及第 6 条不正当竞争行为的特殊规则。它体现了对案件当事人利益的关注。

除了前述损害发生地规则和共同惯常居所地规则，《罗马 II》第 4 条第 3 款规定了一项例外规则："若从案件各种事实看来，侵权行为明显与本条第 1、2 款以外的国家有更密切的联系的，则适用另一国家的法律。"此条款目的是赋予强硬的法律条款一定的弹性，使法院能够在具体的案件中适用反映案件"重力中心地"的法律。鉴于这种做法可能导致法律的不确定性，所以必须将其作例外适用。另外，为使第 3 款例外适用的特性更加清晰，条例还特别规定了非合同之债必须与另一个国家具有更密切、更清晰联系的限定条件。

---

① ［比］卡尔斯特：《欧洲国际私法》，许凯译，法律出版社 2013 年版，第 184 页。

2.特殊侵权行为的法律选择规则

《罗马Ⅱ》中的第5条至第9条为这些特殊侵权行为设置了特别的冲突规则体系，它们包括产品责任、不正当竞争、限制竞争行为、环境侵权、知识产权侵权以及劳工行动。虽然条例为这些特殊侵权行为设置了特别的法律选择规则，但它却没有为特殊的被侵权人设置特别规则。

3.侵权法律选择的例外规定

除上述专门针对侵权行为法律冲突的规定外，《罗马Ⅱ》在第4章、第5章和第6章中分别规定了适用于全部非合同之债的例外规定。它们包括：当事人协议选择法律、强制性规则的直接适用以及法院地公共政策的考虑等。再者，条例第14条规定赋予了当事人自由选择适用法律的权利，但同时也作了必要的限制。一是选择的时间规定。选择须在纠纷产生后进行，以避免事前选择对弱方当事人可能带来的不利后果。二是选择的确定性要求。选择须是明示的，或根据案件情况以合理的确定性表明的，后者的情形给法院留有一定的裁量权，进而可能引起不一致的判决。三是选择的后果。该选择不能影响第三人的权利和义务。[①]若依据法律选择规则选取的准据法与一国之公共政策或强制性规则相冲突，那么法院必须排除此种准据法的适用。

总体来看，《罗马Ⅱ》坚持确定性大于灵活性之特点，更加重视法律适用结果的可预见性，而赋予规则的灵活性较少。实际上，在《罗马Ⅱ》制定过程中，国际统一私法协会曾经提出过一系列非规则性议案，其内容的灵活性已经超越确定性，虽然该议案所囊括的内容十分全面且较为合理，但由于其潜在的不确定性使委员会恐慌。它严重背离了委员会采用较少的例外条款，赋予司法机关较小的裁量权空间的行为准则。最终的《罗马Ⅱ》文本表明，欧盟委员会，特别是欧盟理事会并没有接受上述过于灵活的建议。[②]所以，《罗马Ⅱ》并没能摆脱以萨维尼法律关系本座说为基础的传统法律选择方法[③]，而依旧秉承着确定性大于灵活性的传统特点。

①② 王秀转：《欧盟〈关于非合同之债的法律适用条例〉中的法律选择方法与规则评述》，《国际商法论丛》2010年第12期。

③ 许凯：《侵权冲突法研究》，华东政法大学2012年博士论文，第218页。

二、欧盟冲突规则在集体诉讼中的应用

跨境集体诉讼的诉因可能是合同，也可能是侵权，合同和侵权领域无疑是容易引发跨境集体诉讼，遂将以合同和侵权分类探讨欧盟冲突规则在集体诉讼背景下的适用。

(一)合同

1.意思自治原则的应用

当事人意思自治是国际合同法领域所普遍承认和运用的原则。根据《罗马Ⅰ》第3条第1款规定，只要具有明确的确定性表达，便可承认双方当事人明示选择合同准据法的自由，也能承认其默示选择合同准据法的自由。

在集体诉讼案件中，一致的协议选择常常不能够达成。法律的多样性对被告而言，没有对原告的影响大，因而他们几乎没有机动同意选择同一法律的适用。与此同时，如果协议选择的法律较一些原告自身居所地法律给予更少保护时，这些原告几乎没有任何动机参加集体诉讼，于是他们将会失去参加诉讼的机会。此外，对于双边和单方面的选择，法律并没有赋予代表诉讼中代表具有选择权。在加入制集体诉讼中，通常惯例是只要个人选择加入集体诉讼程序，便宣示了给予代表选择准据法的权利。而在退出制集体诉讼中，问题则变得复杂。依据《罗马Ⅰ》第3(2)条规定[①]，协议选择不得对第三方人的权利造成不利影响，因而，代表作出的协议选择能否约束协议拟定的所有成员仍存在争议。

如果当事人间达成的法律选择条款指向某单个成员国的法律时，针对该销售商而提起集体诉讼则较为容易；而若当事人间达成的法律选择条款要求适用不同成员国的法律时，此时的集体诉讼将变得十分复杂。如果争议问题在法律选择协议的范围之内，且该条款可被执行，则原告可能需要证明法律选择协议中约定的法律的差异性仍能够满足集体诉讼所要求的“共同性”，各成员国法律之差异并不会掩盖案件的共性而导致集体优势无效，以及被告不能利用该法律选择协议条款阻碍集体诉讼的进行。[②]

---

① 参见《罗马Ⅰ》第3条规定。

② Astrid Stadler，“Cross-border Mass Litigation”，Mass Justice Challenges of Representation and Distribution(2011).

2.特殊合同的保护规则的应用

《罗马I》第5条至第8条规定了对运输合同、消费者合同、保险合同、个人雇佣合同的特别条款。消费者领域无疑是最容易引起跨境集体诉讼的，遂以消费者合同为例分析集体诉讼形态下跨境消费者合同冲突规则的适用。

《罗马I》第6(1)条规定，消费者与商家订立的合同，应适用消费者惯常居所地国法，如果商家在消费者惯常居所地从事商业或职业活动；或者通过某种手段，将此种活动指向了该国或包括该国在内多个国家，并且该合同属于该活动范围。第6(2)条规定，对于满足第1款规定的合同，双方当事人仍可依第3条规定选择合同准据法。但此种选择不得剥夺未选择法律时依第1款本应适用的法律中不能通过协议加以减损的强制规则给予消费者提供的保护。

集体诉讼形态下的跨境消费者合同案件涉及众多消费者将会产生同等意义上的多个消费者惯常居所地出现。这些消费者惯常居所地不存在高低或先后的关系，因而消费者惯常居所地法都应当得到适用，最后在集体诉讼中将要求适用不同的消费者惯常居所地法。而在传统诉讼中只存在唯一的消费者惯常居所地，并不会出现以上情况。多部准据法适用的可能性将会影响集体诉讼的效能。首先，集体诉讼试图将所有索赔请求合并在一个诉讼程序中审理，适用多部准据法则可能使得诉讼更加复杂。这不仅会成为法院的巨大负担，而且还会增加耗费时日，同时给当事人带来极大的不便与巨大的花费。其次，在集体诉讼中，当同一程序中的不同原告受不同的法律支配时，而未被共同对待，又将违背"相同境遇的当事人应受到同等对待"原则。此种不同的待遇可能被认为特别不公平，从而使法律选择问题偏离公平的轨道。①

事实上，集体诉讼克服了双方当事人不平等的议价能力和信息不对称问题，如果继续适用保护消费者的特殊条款有可能会损害被告方当事人利益。并且消费者失去其居所地法律保护的风险可能小于其不能参与集体诉讼的风险。

(二)侵权

1.一般侵权冲突规则的应用

《罗马II》第4条第1款规定了侵权行为的一般性法律适用规则，即适用损害结果发生地国的法律。规定是从侵权行为地法规则分离而来，之所以选择损

① Astrid Stadler, "Conflicts of Laws in Multinational Collective Actions-a Judicial Nightmare" , Extraterritoriality and Collective Redress(2012).

害结果发生地法是为了避免侵权行为地的认定问题。因为通常侵权行为地可以认定为损害结果发生地或侵权行为实施地。但实际上，适用损害结果发生地法即为被侵权人的属人法，通常不会是侵权人的属人法。在集体诉讼背景下可能会面临新的问题，由于集体诉讼案件中涉及来自不同成员国的众多被侵权人，将会出现多个损害结果发生地，难以确定，同时还可能会指引适用不同国家的法律。而事实上，如果采用的是侵权行为实施地则不太可能出现上述情况，但是被告如果故意将其侵权行为在损害赔偿水平较低的国家为之，后果则难以预料。

2.例外规则的应用

《罗马 II》第 4 条第 2 款规定："损害发生时，如果被侵权人和侵权人在同一国家拥有惯常居所地，则应适用他们共同的惯常居所地国家的法律。"事实上，共同惯常居所地规则是特殊侵权行为的首要法律适用规则。但引发集体诉讼的跨境群体性纠纷通常具有偶然性与突发性，存在当事人的共同经常居所地的可能性很小。

《罗马 II》第 4 条第 2 款规定一种经常采用的例外条款即侵权行为明显与本条第 1、2 款以外的国家有更密切的联系，则适用该另一国家的法律。依《罗马 II》第 4 条第 3 款规定，若从案件各种事实来看，侵权或不法行为明显与本条第 1 款、第 2 款以外的国家有更密切联系的，则适用该另一国家的法律。

事实上，在集体诉讼案件中，被告居所地或拥有主要营业地所在国或者大多数集体成员居住地国可以被认为具有更密切联系，最后将致使适用单一准据法。但是例外条款只能是适用一般原则的例外，它们必须被狭义解释，而并非为解决集体诉讼中的法律选择问题。

3. 特殊规则的应用：产品责任

跨境集体诉讼的诉因可能是一般的侵权行为，也可能是特殊的侵权行为，特殊侵权行为中的产品责任领域无疑是最容易引起跨境集体诉讼的，遂以产品责任为例分析集体诉讼形态下跨境产品责任冲突规则的适用。

《罗马 II》第 5 条产品责任："1. 在无损于本条例第 4 条第 2 款的前提下，适用于产品损害责任的非合同之债的法律应当是：(a) 当损害发生时，受害人在损害结果发生地拥有惯常居住地，若产品的销售地也是该国，则使用该国法律；如不存在以上情形，则(b) 适用取得产品地国家的法律，如果产品销售地也是该国；如不存在以上情形，则(c) 适用损害结果发生地国家的法律，如果产品销售地也是该国。若被请求承担责任人不能合理地预见产品或同类产品在何国销售，而依照前项(a)(b)(c)销售地国法应予以适用，则应适用被请求承担责任人的惯常居所地国法。2.若从案件各种事实来看，侵权或不法行为明显与本条第1款以外的国家有更密切联系的，则适用该另一国家的法律。与另一国家的更密切联系，可能是建立在先前存在于当事人之间且与侵权或不法行为密切相关的某种关系之上，如合同关系。”

集体诉讼中，法院在确定准据法时必须要对受害人惯常居住地、取得产品地、损害结果发生地以及责任人惯常居所地作出认定，当然，上述连结点适用还需要满足其他条件，但跨境集体诉讼中涉及来自不同成员国或法域的受害人，上述地点均不是单一的，会出现多个地域连结点的竞合现象，从而则会指引不同的准据法而获取不同水平的实体赔偿结果，因而如何决策的问题产生。

4. 意思自治原则的应用

当事人意思自治是国际合同法领域得到普遍承认和运用的原则。根据《罗马I》第3条第1款规定，既承认双方当事人明示选择合同准据的自由，也承认其默示选择合同准据法的自由。无论是明示还是默示表达清楚即可。但合同中的当事人意思自治受到一定程度的限制。

根据《罗马II》第14条规定，当事人可以通过合意的方式，对于非合同之债应适用的法律进行选择，但为了保护弱方当事人的权益，对于非商业性的行为而言，这种选择只能在事件发生后做出。因为《罗马II》立法者认为事后选择不存在不平等议价能力的风险，受害方可能在同意选择适用法律之前会进行法律咨询。但在跨境集体诉讼背景下，从争议发生后当事人角度分析，当事人来自不同的成员国与被告达成法律选择协议的难度比较大。跨境集体诉讼案件中，受害者往往是因偶然因素成为受害者，而基于不同法律规定的损害赔偿标准不一，此时原告会寻求赔偿最大化的法院管辖及法律适用，集体诉讼涉及不同成员国的众多当事人受害者，于是要达成一致的意见比较困难；而被告则寻求自身损害最小化，在这种情况下，双方当事人达成法律选择协议的可能性很小。而当集体诉讼由代表机构提起诉讼时，双方达成协议的可能性增大，但是又将涉及技术手段限制的问题。在选择加入制集体诉讼中，当事人可以通过作出愿意选择加入集体诉讼的意思表示授予代表人或代表机构作出法律选择协议的权利，而在退出制集体诉讼中，问题则十分复杂。

第四节　欧盟判决规则及其在集体诉讼中的运用

跨境集体诉讼为判决规则提供了新的应用场景，而欧盟判决规则能否为集体诉讼判决的承认与执行提供好的方案，不仅需要我们去探究认识欧盟判决规则，也需要我们将现行欧盟判决规则置于跨境集体诉讼背景下予以检视。

一、欧盟判决规则

在欧盟，《布鲁塞尔条例 I》确立了相互承认的判决体系。《布鲁塞尔条例 I》第三章为便利地促进判决的自由流动之目的，采取了较为开放的态度。其主要体现为两个方面：一是列举了一些不予承认与执行判决的理由，其二是强调简化承认与执行的相关程序[1]，从执行程序本身来看，还需要适用成员国的国内法，所以这部分的作用仅仅为“执行许可”。虽然整个条例一般被认为能够成功地实现上述目标，但人们认为，判决的自由流动仍然存在一些障碍。因此，欧盟委员会随后发布了一项旨在重修条例的提案，并于 2012 年 11 月 20 日通过了《布鲁塞尔条例 I 修订案》。

于 2012 年 11 月 20 日通过的《布鲁塞尔条例 I 修订案》，其中取消了成员国间判决承认与执行的中间审查程序，但集体诉讼与诽谤以及人格权侵权作出的判决被排除在外。对于欧盟委员会所作出的这一建议，它在提案中作出了如下解释：“对于由原告集体、代表实体或为公共利益行事的代表机构基于非法商业行为对大量原告所造成损害提起的集体诉讼所获判决，以及判决承认与执行的审查程序仍然保留。这缘于，在整个欧盟范围内，各成员国赔偿受到非法商业行为损害的集体受害者的机制差异性很大，即每个成员国的集体性损害赔偿诉讼制度均是独一无二的、不尽相同。”[2]

---

① See Report Jenard.

② See Brussels I Proposal.

与此同时，“鉴于巨大的差异，在此阶段，无法推定所需的取消审查程序的先决条件之可信任水平。这便是欧盟委员会就《构建统一集体救济机制》可行性问题作公众协商的原因。此次协商及其后续工作便致力于，确定是否可以在欧盟层面制定关于集体救济的一般原则，以便根据各成员国法律的一致状况和欧盟法的发展状况审查这个问题”。①

依照欧盟委员会提案可以得知，排除特定的集体诉讼判决的取消审查程序环节，其原因主要在于：一方面，欧盟各成员国集体诉讼机制差异性颇大。受害者集体可能利用此机制，从选择加入或选择退出模式的抉择、确定利益个体的时间、资金、诉讼程序的流通和相关庭外争议解决机制中受益。②另一方面，取消审查程序基于的是成员国间的相互信任。而在集体诉讼领域的相互信任则广受质疑，原因在于这种信任存在的前提需要和谐的实体法或法律适用法，或者成员国间司法程序的具有某些相似性，抑或对相互程序的熟悉性以及适当的审查程序监督判决。③显然，集体诉讼程序不存在上述要求的相似性和熟悉性。

依据《布鲁塞尔条例Ⅰ》，关于承认的普遍规则是第33(1)条，其规定“一个成员国所作的判决在其他成员国应当得到承认，而无须任何特别的手续”。于是可以看出判决将自动获得承认。成员国不得增加承认的任何特别程序，任何希望借助承认机制去实现自身权益的当事人均可以得到实现，而无须遵循任何事先的特别程序。这是一种推定承认的做法。此外《布鲁塞尔条例Ⅰ》第34条规定了拒绝承认与执行的理由，主要包括公共政策、程序性保护以及不一致判决。从这一规定可以得知，《布鲁塞尔条例Ⅰ》对于拒绝承认判决的理由采取了一种限制性做法。而以上条件能否作为拒绝集体判决承认与执行之依据，下文将做详细考察。

二、判决规则在集体诉讼中的应用

《布鲁塞尔条例Ⅰ》规定了部分拒绝承认和执行判决的理由。如第34条规定的拒绝承认与执行理由，主要包括4项：“1. 如果承认该判决明显违背被请求国的公共政策；2. 如果未给被告及时送达提起诉讼的文书或其他同等文书，以致

① Public Consultation：Towards a Coherent European Approach to Collective Redress，SEC (2011)0173.

② See Brussels I Proposal.

③ See Green Paper on Brussels I Review.

他没有充分的时间安排抗辩而作出的缺席判决，除非被告可能提起诉讼对判决提出异议但其未提出；3. 该判决与被请求国就同一当事人之间的争议所作判决相抵触；4. 该判决与另一成员国或某一第三国就同一当事人之间的相同诉因所作的在先判决相抵触，即只要该先判决满足被请求国有关承认的必要条件。”①由于集体判决的特殊性，判决规则在集体诉讼背景下的应用可能会产生新的问题，下文将作具体分析。

（一）公共秩序

事实上，公共秩序作为拒绝承认与执行外国法院判决的理由，已经实践多年，但是由于公共秩序涉及的是一个内国概念，关于公共秩序的准确含义或内容并未确定。而集体诉讼判决与传统诉讼判决的主要区别在于选择退出制集体诉讼判决的特殊性。退出制集体诉讼判决的特殊性主要表现为判决对所有拟定集体成员具有拘束力效果，其中将涉及缺席原告的正当程序保护问题。因此，集体诉讼判决的出现，更是加深了公共秩序问题的复杂性。

从理论上来看，就公共秩序而言，其可能会因被请求承认国对公共秩序的不同理解而得到不同的结果。通常情况下，被请求承认国法院不能仅对比判决本身与本国公共秩序的冲突情况，而应当考虑到假定判决执行后的效果。当执行后效果出现明显有悖于其国内公共秩序的情形时，法院便会对判决予以拒绝。同时，根据《布鲁塞尔条例 I》第 34(1)条规定的公共秩序概念也是一个欧洲法律问题。欧洲法院可以审查成员国法院诉诸该概念的相应限度。欧洲法院认为，《布鲁塞尔条例 I》第 34 条所列的更广泛的例外属于严格解释，这缘于公共秩序会妨碍条例实现判决自由流动之基本目标，同时其提供的抗辩理由并非是指对外国判决本身的拒绝，而是指对外国判决的承认不得违反公共秩序。因而，只能在特殊情况下才能诉诸此条款，即只有在承认或执行另一成员国所作判决不符合其内国法律秩序时，才可以考虑诉诸公共秩序条款。此外，禁止对外国判决的实体性内容进行审查，应该遵循其实质内容。②

目前，无论是欧洲法院还是欧盟成员国均未有涉及集体诉讼判决的公共秩序认定的任何实践。欧盟成员国公共秩序的内容较为宽泛，在是否承认与执行

① 参见《布鲁塞尔条例 I》第 34 条规定。

② Duncan fairgrieve, “the Impact of the Brussels I Enforcement and Recognition Rules on Collective Actions”, Extraterritoriality and Collective Redress (2012).

外国法院判决问题上，正当程序的内容和公共秩序有所重叠。但选择退出制集体诉讼判决可能会因被认为违反正当程序，最终以违反公共政策为由拒绝承认与执行。

（二）程序性保护

《布鲁塞尔条例 I》第 34(2)条中列举的拒绝承认判决的第二个理由，是关于在承认或执行阶段对被告进行审理的正当程序性保护。其规定，除被告能对判决提出异议而其未提出的情形外，若未及时向被告送达诉讼文书或其他同等文书，致使其没有充分的时间抗辩而作出缺席判决，则不得承认判决。[①]欧洲法院将该条款解释为其目的是确保被告有机会在首先受理法院为自己辩护，否则，不得承认或强制执行判决。

实际上，对被告的正当程序保护是外国法院判决承认与执行中最重要的考量因素之一。国际上保护被告程序性权利的类似规定较多，例如 2005 年《协议选择法院公约》第 9 条第 3 款规定："如果符合以下条件，即除被告在原审国法院出庭并答辩，且在原审国法院允许就通知提出异议时，被告未向原审法院就文书通知问题外提出异议之情形，若提起诉讼的司法文书或其他同等文件，包括请求的基本材料，没有在充足的时间内以合理的方式，通知被告，以便于帮助其安排答辩，外国判决可能被拒绝承认与执行。"由上可知，公约第 9 条规定的目的也在于保护被告的程序性利益，以防止程序不当对其权益可能带来的损害。

从以上条文可以得知，《布鲁塞尔条例 I》的程序性保护规则保障被告的程序权利时，未明确涉及原告。而通常在集体诉讼判决的承认与执行中，基于集体诉讼的特殊性，面临着对原告的程序性保护要求。

（三）不一致判决

《布鲁塞尔条例 I》第 34(3)和第 34(4)条规定了不一致判决的承认与执行问题，但上述条款难以应用于集体诉讼判决。第 34(3)条规定："成员国法院作出的判决，如果它与被请求国就同一当事人间的争议所作的判决是相冲突的，这可能被拒绝承认。"第 34(4)条规定："成员国法院作出的判决与另一成员国

① 参见《布鲁塞尔条例 I》第 34(2)条规定。

或某一第三国就同一当事人之间的相同诉因所作的在先判决相冲突的，可能被拒绝承认。”根据条款可知，第34(3)、34(4)条均要求“相同当事人”，后者还需要满足相同诉因的要求。而在集体诉讼中所涉的集体成员众多以及还可能包括未识别的和难以识别的当事人，并且条款中“相同当事人”的措辞比未决诉讼和关联诉讼条款的措辞要苛刻。因而，“相同当事人”之要求将难以满足。

第五节　集体诉讼形态下欧盟国际私法规则的完善

总体来看，欧盟统一国际私法规则均建立在以个人权利为基础的实体民法及以单一诉讼为原则的诉讼法律制度之上，对多方当事人诉讼或集体诉讼制度缺少关注。这样的现状与基于对欧盟内部市场一体化的目标要求，欧盟民商事程序法和法律适用法，即欧盟统一国际私法应保证跨境集体诉讼充分有效运作及其判决在欧盟范围内具可执行性的要求并不相符。[①]这也是跨境集体诉讼在欧盟发展受到阻碍的因素之一。实际上，集体诉讼作为公共执法的补充机制，旨在提高欧盟执法的有效性，并致力于改善司法公正。在市场监管方面，发挥着重要作用，它逐渐成为解决日益增长的欧盟跨境群体性纠纷所不可替代的一种有效救济形式。于是，欧盟民商事程序法和法律适用法应当保证跨境集体诉讼能够充分、有效运作。

为达成以上目标，应保证欧盟现有国际私法规则与跨境集体诉讼相适应，需要对欧盟现有国际私法规则进行完善。

有学者认为，不需要对已有欧盟国际私法规则进行巨大改革。在管辖权方面和判决承认与执行方面，必要的修订可以通过适中的调整完成。而在法律适用方面，可能会需要增加新规则。如果不需要巨大的改革，便可以通过欧洲法院对现有国际私法规则条文的解释予以实现。欧洲法院对《布鲁塞尔条例Ⅰ》的所有条款及其术语具有解释权，此处的解释是“自治的”，因为如果允许各国国内法院按照自己的理解来解释欧盟规则的话，成员国间统一适用法律的目的将无法

① Commission Staff Working Document, Public Consultation: Towards a Coherent European Approach to Collective Redress, SEC(2011)173 final.

实现。例如上述 Eurocontrol 案中，欧洲空中导航安全局要求德国法院执行比利时法院作出的判决时，德国法院提到是否根据德国法律或比利时法律来定义民商事事项。欧洲法院认为它对布鲁塞尔公约有自治解释权，而非成员国内国法有解释权。①但如果把所有的调整寄希望于欧洲法院，由它负责扩大和详细阐明法条的适用，这不仅要提高欧盟现有国际私法规则适用的有效性，还要为欧盟跨境集体诉讼运作提供指导，其任务巨大。从目前来看，实践效果如何将无法判断。

笔者认为应当为集体诉讼制定专门性管辖权规则、法律适用规则以及判决的承认与执行规则。在借鉴其他地区或相关部门的实践经验的基础之上，结合现实状况而制定相关规则，初步构想如下。

一、管辖权规则

总而言之，前述分析表明欧盟国际私法在跨境集体诉讼中扮演着重要的角色。为适应日益增长的跨境集体诉讼需求，管辖权规则需要做出改变。

破产程序和集体赔偿程序具有紧密相连的关系，它的出现同样涉及大量盘根错节的关系人，而最终结果会对大批关系人产生约束作用。2015 年 6 月 5 日，欧盟委员会新公布了《欧盟破产程序条例》(第 2015/848 号)②。破产程序条例中的某些规则可能涉及相关国际私法问题，类似规则又将为跨境集体诉讼立法的构建提供有价值的启示。

在管辖权方面，它有以下三个重要特点：一是欧盟新破产条例采取了主辅破产程序并行的模式。新条例第 3 条将管辖权赋予债务人主要利益中心地(Centre of Main Interest，COMI)所在国法院和债务人营业所所在国法院。主要破产程序必须在主要利益中心地所在成员国开始，但是，债务人也可以在分支机构所在成员国开始次级程序或辅破产程序。而该辅程序仅适用于该分支机构位于该成员国的资产。③二是“主要利益中心”连结点的创立。债务人主要利益中心是《破产程序条例》所特有的，它主要是基于该地与破产程序密切联系，同时，它

① Pippa Rogerson，Collier' s Conflict of Laws，University press Cambridge，2013，p. 60.

② Regulation (EU)2015/848 of the European Parliament and of the Council of 20 May 2015 on insolvency proceedings(recast)，Official Journal of European Union，L 141/19.

③ Article 3 of Regulation (EU)2015/848 of the European Parliament and of the Council of 20 May 2015 on insolvency proceedings(recast)，Article 3.

保证法律的确定性。根据第 3 条第 1 款规定，“主要利益中心”是指债务人对其利益进行日常管理、并能由第三方确定的地点。在《欧盟破产程序条例》出台之前，它仅是一个抽象标准。随后新条例规定，在没有相反证据的情况下，涉及公司或法人时，注册办事处地应被推定为其主要利益中心；涉及个人从事独立的业务或专业活动时，主要利益中心应被推定为该个人的主要营业地；涉及其他个人时，主要利益中心应被推定为个人经常居住地。以上地点的决定都要求以上地点在请求启动破产程序之前已存在 3 个月。[①]从上述规定可以看出，主要利益中心重视实际的监管和对事项的经验管理。三是强调法院间的合作与交流。新条例规定主要破产程序开始的成员国的清算人和其他成员国的清算人都必须相互通知各自程序的状态。[②]因此，主要破产程序和辅破产程序之间存在一定的协调效应。

在 2008 年《国际法协会里约热内卢决议》中，其委员会认为在非常复杂的集体诉讼案件中，可以借用破产领域的办法，采用若干程序并行审理，但应该保证主要程序在被告居所地国法院审理，其他程序则在其他法院地审理。它建议一般情况下，应该由被告居所地法院行使管辖权，但在一些特殊情况下，则由与争议更密切联系的另一法院行使管辖权。因为它认为在集体诉讼中强调弱者保护是不合适的，根据《布鲁塞尔条例 I》之管辖权规则，在消费者合同中，赋予被视为弱者的消费者管辖权选择权，这在集体诉讼中是不合适的，集体诉讼中原告通过集合，可能变得更强大，对于被告而言就不再处于弱势地位。于是，由被告居所地法院行使管辖权是较为合适的。但在某些特殊情况下，如果争议与另一法院关系更密切，并且被告可以预见，则可以由另一法院行使管辖权。

由上可知，破产程序管辖规则的优势在于：管辖权并行模式的采用有利于更好地管理复杂案件，而通过法院间的合作与交流，又能保持两个程序之间的协调。此外，债务人主要利益中心地的新型连结点的创立可以克服传统管辖权规则的僵化，也能保证与破产程序有密切的联系。

由破产法的管辖权规则的制定可以得知，管辖权规则的考量无一离不开争议与法院地关系密切的重要因素。于是，在集体诉讼的管辖权规则的设计上，应当平衡双方当事人的利益，不偏袒任何一方当事人，并且符合最密切联系以及

① Article 3 of Regulation (EU) 2015/848 of the European Parliament and of the Council of 20 May 2015 on insolvency proceedings (recast).

② Article 42 of Regulation (EU) 2015/848 of the European Parliament and of the Council of 20 May 2015 on insolvency proceedings (recast).

可预测性之目标。就平衡双方当事人的利益来看，其中应当考量集体诉讼的特殊性。从改变诉讼当事人双方的诉讼能力和力量对比来看，集体诉讼有利于保障弱势群体当事人的诉讼权利平等。[①]在一般的诉讼中，集体成员个体一方往往是在诉讼能力上处于明显弱势的平民、消费者、小股东等，而对方往往是在经济实力、法律技术方面占据优势的大企业、垄断集团或者是社会组织乃至行政机构。双方当事人的诉讼能力和力量是不平衡的。如果集体成员通过合力提起集体诉讼，诉讼格局则可能发生改变，谷口安平认为可以“营造一个与处于优势地位的大型组织平等进行权利的奋争环境。”[②]此外，在代表诉讼中，由集体代表集体成员提起诉讼也可能会缩小诉讼当事人双方的诉讼能力和力量之差距。与此同时，传统国际私法规则十分重视保护弱者当事方的利益，保护弱者贯穿于整个欧盟国际私法规则。而集体诉讼保护弱势群体，改变了诉讼当事人双方的诉讼能力，通过集体成员组成合力能帮助其获得与被告当事人平等的地位。这似乎与保护个人弱者的国际私法规则相去甚远，也成为欧盟现有国际私法应用于跨境集体诉讼的主要障碍。因此管辖权规则应当将集体诉讼的特殊性考量在内。

具体来看，对于十分复杂的案件，可以借鉴破产程序的并行管辖权程序。如里约热内卢决议建议，主要程序由被告住所地法院行使管辖权，其他程序则由其他法院行使管辖权。而采用平行程序的前提条件则是保证法院间法官之间的充分合作与交流。

同时，为协调管辖权的冲突，避免产生平行的诉讼程序，也可以加强法院间的合作与交流。《承认与执行外国集体救济判决指南》规定，“如果存在多个适当的管辖法院，管辖权应由行政角度、获取证据和证人以及促进原告充分代表最有利的法院行使。为实现此目的，需要加强多个管辖法院之间的沟通与合作”[③]。程序上，工作组还建议国际律师协会开发一个基于网络的注册表协助提醒潜在集体诉讼代表和律师咨询其他司法管辖区现有或未决的相关诉讼。[④]指导方针不仅旨在保证某些当事方的权利，同时还考虑到程序效率和效益的问题。因而，加强司法合作的方式考虑放弃具体的管辖权规则可能是解决跨境集体诉讼中的平行诉讼问题的可行方式。

---

① 范愉编著：《集团诉讼问题研究》，北京大学出版社 2005 年版。

② 谷口安平：《程序的争议与诉讼》，王亚新、刘荣军译，中国政法大学出版社 1996 年版，第 203 页。

③④ IBA Guidelines(2008), p.15.

从加强法院间的合作与交流方面来看，可以加强法院法官之间的直接沟通，让他们直接交流而作出由谁审理案件的决定，或者在已经产生了平行诉讼时，讨论决定交流双方如何协调与配合。同时，构建集体诉讼登记系统也是可取的。从破产领域实践来看，已取得了良好的效果。它可以给双方当事人、法官以及律师提供信息指导，从而指引其做出相应决定。

二、法律选择规则

对于是否需要为集体诉讼制定专门性法律选择规则时，就目前来看，仍未形成统一意见。在 2013 年欧盟委员会交流会上，一种建议是既不要改变欧盟现有法律选择规则，也不需要为集体诉讼制定特殊的法律选择规则。这种观点在某种意义上反映了美国冲突法学者所认为的法律选择不应该服从于程序的效率，因为就美国而言，法律选择规则被认为反映了所指引国家的实体法律，故不应当通过程序性考虑而受到损害。相比之下，在欧盟，无论于形式还是内容而言，法律选择规则与成员国的实体法是相分离的。[①]因而可以考虑为集体诉讼设立专门性法律选择规则。

《罗马 I》和《罗马 II》中现有法律选择规则应用于集体诉讼中产生的最大问题是对连结点产生的影响，在传统的一对一两造诉讼中只存在唯一的地点，由于集体诉讼案件涉及众多主体便将产生复数连结点，从而可能在同一程序中需要对不同成员适用不同的准据法。不同准据法的适用则必然会增加程序的复杂性而减损集体诉讼效益。事实上，我们可以参考其他地区或部门的实践经验。以《破产程序条例》中的法律选择规则为例，破产程序的法律选择规则及其效力在除例外条件以外，根据启动此类程序成员国法律的规则确定。[②]依照条例规定，辅助破产程序所适用的法律为辅助破产程序启动国法律。[③]由此可知，无论是主破产程序还是辅助破产程序均将适用法院地法作为一般性规则。而法院地法是否应被适用，应当考虑法院地法和法律关系之间的密切联系和当事人利益的特

---

① Larry Kramer, "Choice of Law in Complex Litigation", New York University Law Review, 1996 Vol. 71.

② Article 7 of Regulation (EU) 2015/848 of the European Parliament and of the Council of 20 May 2015 on Insolvency Proceedings (recast).

③ Article 35 of Regulation (EU) 2015/848 of the European Parliament and of the Council of 20 May 2015 on Insolvency Proceedings (recast).

殊需要。①

从破产程序采用适用法院地法作为一般性规则来看，这是符合法院地法和法律关系之间密切联系的，另外，破产程序多与一国公共政策利益相关，若把适用法院地法作为一般规则是合适的。但在跨境集体诉讼中将适用法院地法为一般规则是否合理值得思考。首先，在集体诉讼中适用法院地法可以实现适用同一准据法之目的，避免指引多部准据法的适用，从而简化程序。其次，法院地法适用最明显的领域是传统上的公法。与破产程序相似，集体诉讼程序产生的领域也常常涉及公共利益，并且从其价值目标来看，它追求的是公益目的，从而法院地法与公共利益密切相关。因此，可以考虑仿效破产程序中将法院地法作为一般规则的做法。

三、判决的承认与执行规则

判决的自由流动是欧盟追求的目标之一。由于欧盟各成员国当前的集体诉讼制度各异，缺乏互相信任，《布鲁塞尔条例 I 修订案》中取消审查程序将集体诉讼判决排除在外。为实现判决能够自由流动，最紧要的任务是构建欧盟各成员国间的相互信任。

第一，从拒绝判决的承认与执行的公共秩序问题的实践来看，对于集体诉讼判决案件而言，公共秩序的定义将会被扩大，它可能涉及内国法律对于选择退出机制的态度、正当程序的要求以及个人诉权的自由行使。对于选择退出机制，《欧盟集体救济建议》已经提议各成国采取选择退出机制。目前只有少数成员国采用选择退出机制，并且只涉及禁诉令问题。只要其他成员国不再采取选择加入机制，此问题在欧盟内部问题并不大。此外，在公共秩序认定方面，主要是根据各成员国内国法律判断，但欧洲法院起到一定的限制作用。因此，对于公共政策在集体诉讼案件中广泛运用的问题上，应当明确公共政策的具体内容。

第二，《布鲁塞尔条例 I》第 34(2) 款规定列举的拒绝承认判决的第二个理由是关于在承认或执行阶段对被告进行公正审理的程序性保护。事实上，基于集体诉讼的特殊性，公正审理的程序性保护对于原告来说也尤为重要。于是，建议该条款可以以保护诉讼程序中当事方程序正当进行目的性解释，结合以上公正

① 沈涓：《法院地法的纵与限——兼论中国国际私法的态度》，《清华法学》2013 年第 7 期。

程序的要求类推适用于退出制集体诉讼背景下未选择退出的缺席成员。事实上，杰拉德报告在此条款的适用方面认为不应当过于限制。如果将第34(2)条规则类推适用于集体诉讼中的原告集体，则可以满足正当程序性要求。

第三，对于《布鲁塞尔条例Ⅰ》第34(3)条和第34(4)条规则，在集体诉讼案件中，能否运用的关键在于对“同样当事人”的认定。目前，没有具体实践的情况下，很难确定一个基本上类似的当事人集体是否满足“同样当事人”这一要求。显然，如果不能把基本类似的当事人界定为同样当事人的话，这无疑会随时面临平行集体诉讼以及不可调和的判决危险。事实上，扩大集体诉讼中冲突判决的“相同当事人”定义，也是可行的。欧洲法院曾作出过扩大相同当事人解释的实践，认为如果当事人的利益是不可分割的，为实现避免不一致判决之目的，应当被认为是符合“同样当事人”之要求。

此外，在集体判决的承认与执行中，还面临着一些新问题。其中最重要的问题涉及选择退出制集体诉讼下未选择退出缺席原告的个人诉权和集体诉讼判决既判力效果之间的冲突问题。在《承认与执行外国集体救济判决指南》(以下简称《指南》)中，国际律师协议已经关注到此问题。《指南》指出，如果法院对索赔请求有管辖权，则法院有权对外国集体成员行使管辖权，法院有理由期望其诉讼程序作出的判决在那些未加入诉讼的外国集体成员可以寻求救济的管辖权区具有既判力效果。①它阐明此条规定的原因在于，在选择退出制集体诉讼下，除非当事人采取了积极的方式选择退出诉讼程序，否则被推定包括在集体诉讼中。此时，为了能确定判决对缺席索赔人的既判力效果，特别是那些没有明确表示同意和出现或居住在判决作出国法院的外国成员，需要指导原则。因而，法院建议考虑索赔人是否得到适当的通知，并有充分的机会采取措施保护其独立提起诉讼的权利。②故此，在判决规则的确立上需要重点考虑正当程序保护问题。

事实上，在公共政策程逐渐弱化的背景下，正当程序问题也成为外国判决承认与执行中最重要的因素之一。它在内容上与公共政策有所重叠。正当程序主要表现在法律文书是否合适送达和当事人是否享有完全听审的机会两方面。③因此，针对集体诉讼的特殊性，除传统判决规则的改良外，还应当明确正当程序要求。

---

①② IBA Guidelines (2008), p.13.

③ 王克玉:《“布鲁塞尔体系”和“海牙公约体系”下的正当程序比较研究——基于外国判决承认与执行的目的》,《比较法研究》2009年第3期。

第五章
中国集体诉讼机制的构建

中国集体诉讼机制的构建既包括集体诉讼具体形式的完善，也包括反垄断法领域为代表的特殊领域中集体诉讼机制的引入，同时还离不开涉外集体诉讼问题之解决，因而，下面将从以上三个方面展开探讨。

第一节　中国集体诉讼形式之完善

完备、高效的集体诉讼机制的立法保障对当事人选择在何法院提起诉讼有重要之影响。因而，中国应完善集体诉讼机制之形式，以占据国际竞争中的优势地位。

一、中国集体诉讼制度之现状

目前，从我国关于集体诉讼机制的立法来看，2017 年修订后的《民事诉讼法》第五十三条规定："当事人一方人数众多的共同诉讼，可以由当事人推选代表人进行诉讼。代表人的诉讼行为对其所代表的当事人发生效力，但代表人变更、放弃诉讼请求或者承认对方当事人的诉讼请求，进行和解，必须经被代表的当事人同意。"[①]以上通常被视为人数确定的代表人诉讼制度。而第五十四条规定通常被视为人数不确定的代表人诉讼制度，其规定："诉讼标的是同一种类、当事人一方人数众多在起诉时人数尚未确定的，人民法院可以发出公告，说明案件情况和诉讼请求，通知权利人在一定期间向人民法院登记。向人民法院登记的权利人可以推选代表人进行诉讼；推选不出代表人的，人民法院可以与参加登记的权利人商定代表人。代表人的诉讼行为对其所代表的当事人发生效力，但代表人变更、放弃诉讼请求或者承认对方当事人的诉讼请求，进行和解，

① 参见《民事诉讼法》第五十三条规定。

必须经被代表的当事人同意。人民法院作出的判决、裁定，对参加登记的全体权利人发生效力。未参加登记的权利人在诉讼时效期间提起诉讼的，适用该判决、裁定。”[①]第五十五条是关于公益诉讼的规定，其条文规定：“对污染环境、侵害众多消费者合法权益等损害社会公共利益的行为，法律规定的机关和有关组织可以向人民法院提起诉讼。人民检察院在履行职责中发现破坏生态环境和资源保护、食品药品安全领域侵害众多消费者合法权益等损害社会公共利益的行为，在没有前款规定的机关和组织或者前款规定的机关和组织不提起诉讼的情况下，可以向人民法院提起诉讼。前款规定的机关或者组织提起诉讼的，人民检察院可以支持起诉。”[②]此外，就目前中国集体诉讼制度的立法而言，除《民事诉讼法》的规定外，还有最高人民法院在2015年初出台的关于适用《民事诉讼法》的司法解释，其中第七十五条至八十条[③]，总共5个条文对代表人诉讼制度做了补充规定。

由上可知，中国解决群体性纠纷的最典型的做法是代表人诉讼制度。具体看来，中国的代表人诉讼制度是指当事人一方或双方为多数，一般情况是十人以上，可在其中选出一人或数人作为代表人进行诉讼。[④]简而言之，代表人诉讼就是人数众多的一方不必全部参加，代表参与即可，但法律判决效力对所有当事人有效。[⑤]其需要满足以下要件：第一，要求双方或者一方的当事人人数众多。第二，众多当事人涉及的诉讼标的属于共同的或者同一种类。其中的同一种类指的是众多当事人与对方争议的法律关系性质相同，即他们享有的权益和承担的义务是同一种类型。第三，诉讼代表人符合要求。例如，诉讼代表人必须与其他成员有相同的利害关系；必须由依法定程序登记的权利人推选或由人民法院同参加登记的权利人商定；必须具有相应的诉讼行为能力；能够正确履行代表义务，善意地维护被代表的全体成员的合法权益等要求。[⑥]

从司法实践看，在处理群体性纠纷时，大部分法院并没有积极地适用代表人诉讼，而是根据自身的理解采取较为灵活的方式予以应对，致使在群体纠纷处

---

① 参见《民事诉讼法》第五十四条规定。
② 参见《民事诉讼法》第五十五条规定。
③ 参见《最高人民法院关于适用〈中华人民共和国民事诉讼法〉的解释》第七十五条至八十条规定。
④ 相庆梅：《我国群体诉讼的类型化研究》，《河北法学》2011年第7期。
⑤ 郭雪慧：《群体纠纷解决机制的最新发展研究》，《河北经贸大学学报》2015年第2期。
⑥ 范愉编著：《集团诉讼问题研究》，北京大学出版社2005年版，第280页；郭雪慧：《群体纠纷解决机制的最新发展研究》，《河北经贸大学学报》2015年第2期。

理上出现百花齐放之现象。[①]大部分法院采取的是单独立案、合并审理或单独立案、分案审理的方式。[②]实际上，中国代表人诉讼制度包含两种情形，即为人数确定的代表人诉讼与人数不确定的代表人诉讼。但第五十四条所确立的人数不确定的代表人诉讼常被忽略。例如，对于实践中的群体受害事件，如消费者权益纠纷，因其权益人分布范围广、受害人数多之特点，通常难以确定相应人数。这就要求在审判时需适用《民事诉讼法》有关人数不确定的代表人诉讼制度。但在实际的审判时，法院往往为降低此类案件的审理难度而将其看作人数确定的诉讼案件来处理，这样便使得人数不确定的代表人制度形同虚设，从而，将导致多数受害者无法获得应有的损害赔偿。[③]总体上看，司法实践中代表人诉讼应用率较低，中国群体性纠纷的解决效果欠佳。

二、对中国代表人诉讼制度之检视

随着中国国内社会经济的快速发展，必然会出现大量的现代型群体性纠纷，而现实中，中国代表人诉讼制度在处理现代型纠纷时，所取得的成效以及其发挥的效用均较为有限。因此，在当前形势下，重新检视中国的代表人诉讼制度之必要性凸显。

第一，从立法方面看，主要存在以下问题：即共同诉讼和代表人诉讼概念混淆不清。《民事诉讼法》第五十二条规定了共同诉讼，而第五十三条、五十四条规定了代表人诉讼。对比两者，不难发现，代表人诉讼制度与共同诉讼制度有着相同的适用条件，即两种不同类型的诉讼，在诉讼标的规定上却是一致的，它们均要求诉讼标的是相同的或者同一种类。在诉讼标的之外，为了将代表人诉讼与共同诉讼加以区分，针对人数众多和诉讼代表人的产生问题，代表人诉讼作了一些新的规定，但法条的表述将两者混淆，导致司法实践中出现运用混乱的局面。[④]在司法实践中，代表人诉讼制度运用率较低，法院方面要么直接拒绝使用该制度，要么表面上引用此项制度，实则将案件拆分审理[⑤]，即使是在新《民

① 章武生：《我国群体诉讼制度之检讨与重塑》，《东南司法评论》2008 年卷。
② 章武生、杨严炎：《我国群体诉讼的立法与司法实践》，《法学研究》2007 年第 2 期。
③ 郭雪慧：《群体纠纷解决机制的最新发展研究》，《河北经贸大学学报》2015 年第 2 期。
④ 杨严炎：《共同诉讼抑或群体诉讼——评我国代表人诉讼的性质》，《现代法学》2007 年第 2 期。
⑤ 肖建华、杨恩乾：《论集团诉讼中的既判力问题——美国和巴西立法经验的分析及借鉴》，《政法论丛》2011 年第 2 期。

事诉讼法》颁布后，上述状况也未见转变。

第二，代表人诉讼制度在一定程度上简化了程序，节省了大量人力、物力及有限的司法资源。但从制度运行看，代表人诉讼制度具有一定的局限性，具体如下。

首先，当前的代表人诉讼制度未发挥其相应作用。从程序本身看，诉讼成本较高，加之推举代表人程序、代表人在诉讼中的权限等原因，增加了案件程序的复杂性和不确定性。如若当事人无法推选出代表，或者对推选出的代表不信任，将导致案件审理延期，甚至激化矛盾，阻碍诉讼发挥其功能。①

其次，代表人诉讼制度对扩大解决纠纷的功能有限。②根据立法，代表人诉讼的提起应遵守严格的程序和限制条件，即代表人诉讼中的代表人在诉讼中的自主权和处分权有限。代表人诉讼通过权利登记的程序，即选择加入的方式来确定被代表人群体的范围，此方式既符合处分原则，又具操作简单等优点，但同样存在一定弊端。代表人诉讼设置了权利登记程序，解决了被代表人人数不确定的问题，但是却有不可忽视的负面影响，特别是对一些受到侵害程度不大或争议标的额度较小的权利人，他们若维护其权利，其付出的诉讼成本远高于所获赔偿，将导致出现代表人诉讼失效的状况。另外，当面对小额但受害者众多的情况时，受害当事人可能因为付出收入的悬殊而放弃诉讼的权利，于是便无法为其提供法律诉讼。更严重的是，这将纵容侵害人的侵害行为，造成不良的社会影响。③

再次，代表人诉讼制度的规定不利于提高当事人参与诉讼的积极性。从法律规定看，缺乏有效的激励和惩罚机制，加之，维权成本的不合理性，多数受害者更愿意持观望的态度，而选择"搭顺风车"，想坐享其成而不愿意提起诉讼。④

最后，法官不愿适用代表人诉讼。现实中，衡量法官业务水平往往会把结案率作为一项非常重要的参考指标。尽管处理群体性纠纷要比启动一个单独的诉讼案件复杂很多，但从案件数量上看，考核标准仍视为单件案子。所以，为了提高结案率，法官们宁愿将群体纠纷拆分成单个诉讼来审理。⑤

通过对当前我国代表人诉讼制度的检视，可以得知，目前，中国的代表人诉

① 例如大庆联谊虚假陈述案中，法院拆分案件、拖延诉讼，不仅影响了受害人的权利救济，还助长了上市公司、中介机构假造之风的蔓延。

②③ 相庆梅：《我国群体诉讼的类型化研究》，《河北法学》2011 年第 7 期。

④ 郭雪慧：《中国社会群体纠纷现状与法律应对》，《河北学刊》2014 年第 5 期。

⑤ 郭雪慧：《群体纠纷解决机制的最新发展研究》，《河北经贸大学学报》2015 年第 2 期。

讼制度未能较好发挥解决群体性纠纷的效用，于是，有必要对群体性纠纷诉讼解决机制进行完善，以期促成我国代表人诉讼制度有效地应用于实践。

三、群体性纠纷解决机制形式之完善

从中国当前单一的代表人集体诉讼制度来看，它仅是在既存单一诉讼理论框架内发展而来的，未能有效地处理好实践中的群体性纠纷案件。在完善解决群体性纠纷的诉讼制度时，多数学者主要就如何完善中国的代表人诉讼制度以应对群体性纠纷为探讨，而部分学者则认为应当先区分不同群体纠纷的类型再予以处理。比如，范愉教授认为，考虑到群体诉讼乃至一般诉讼的局限性，应当以多元化的理念和开放的思维积极探索替代性机制。[①]又如王福华教授认为，由于代表人诉讼在目前的司法环境中不可能发挥大的作用，故应当考虑其他的替代方式，他主要提及了示范性诉讼、共同诉讼和诉讼外方式。[②]而肖建国教授认为，在我国代表人诉讼被搁置、美国式集团诉讼短期无引入可能的背景下，中国民事公益诉讼应采取以民事公诉为主导，实验性诉讼、团体诉讼和公民诉讼为补充的模式选择路径。[③]在张嘉军看来，多元化是“两大法系群体性纠纷解决机制的共同趋势”，在我国群体性纠纷解决机制的构建中，也应当坚持“多元化”的基本思路。[④]总体上看，以多元化体制解决群体性纠纷已经成为中国法学界的共识。事实上，不同的群体性诉讼机制对于解决群体性纠纷将发挥不同的作用。因而，本书的建议是，对应不同的群体性纠纷类型，完善不同的群体性纠纷解决机制，将多元化和类型化巧妙结合。

首先，根据当事人的损害程度进行分类，可将当前的群体性纠纷分为小额多数的群体性纠纷以及大额多数的群体性纠纷两大类。小额多数的群体性纠纷，即小额索赔纠纷，例如因产品质量不合格等造成消费者人身损害的纠纷、虚假广告引发的纠纷、证券市场的小股东纠纷等等。在小额多数纠纷中，往往当事人遭受的损害较小，实践中当事人常因诉讼费用、付出财力、时间成本等而放弃其合法的诉讼权利，从而造成违法者的侵害行为得不到惩处，进而，丧失法律的公

① 范愉编著：《集团诉讼问题研究》，北京大学出版社 2005 年版，第 440 页。
② 王福华：《代表人诉讼之替代改革》，《上海交通大学学报（哲学社会科学版）》2006 年第 5 期。
③ 肖建国：《民事公益诉讼的基本模式研究》，《中国法学》2007 年第 5 期。
④ 张嘉军：《多元化：两大法系群体性纠纷解决机制的当代走向——兼论我国群体性纠纷解决机制的未来趋势》，《郑州大学学报（哲学社会科学版）》2008 年第 4 期。

平性，与此同时，还将降低侵权者的违法成本，助长他们继续违法，破坏社会的正常秩序。[①]而大额多数的群体性纠纷则涉及标的额较大，例如群体性劳动争议纠纷、环境污染纠纷等等，同样对社会造成的危害性较大。

目前，中国的代表人诉讼制度几乎不适用于小额多数的群体性纠纷。现实中，代表人诉讼制度无法保障受害群体的合法权利的行使。在这类小额诉讼中，单个诉讼付出的成本往往高于获取的赔偿，故受害群体会选择放弃索赔请求权。而团体诉讼和集团诉讼的救济制度则能较好地处理小额多数的诉讼类型。

在应对“小额多数”型群体性纠纷时，集团诉讼和团体诉讼能够有效发挥其程序机制的优势，进而，实现妥善处理群体性纠纷之目的。最初，集团诉讼发端于英国的衡平法，但后来以美国为代表的退出制集团诉讼广为人知。它是指一个或数个代表人，为了集团成员共同的利益，代表全体集团成员提起的诉讼。[②]其主要特点是，法院对集团所作的判决，对参加和未参加诉讼的主体权利人均具有法律约束力，甚至对那些未预料到损害发生的主体也具法律效力。[③]与代表人诉讼制度相比，它不需要明确授权代表人和登记，只要未选择退出即被认为参与集体诉讼程序；它也不需要诉讼标的是相同或者同一种类，只要满足存在共同的法律和事实问题，并且诉讼的实体权利不需全体当事人同意，代表人可以独立做出决定。[④]显然，美国的集团诉讼形式更有利于在小额多数的群体性纠纷中，惩罚不法侵权行为和维护群体成员的合法权利。但是，考虑到中国实际的法律环境，应对引入集团诉讼加以限制，即要求仅适用于小额多数的诉讼类型，并且对其适用的情形具体化以利于实际操作。

同时，团体诉讼同样也是应对“小额多数”型群体性纠纷的有力方式。团体诉讼制度的特点是原告是单一的、基于法律规定或者成员授权的团体，该团体以自己的名义参加诉讼，且必须具有权利能力和非营利的性质，团体诉讼被限制在公诉领域，即确认和变更之诉，它的判决适用于团体的全体成员，类似于公共诉讼。[⑤]我国学者认为，公共诉讼在有效弥补我国代表人诉讼制度的不足的方面具有优势：第一，它能够避免代表人诉讼适用时所衍生出的诉讼难题，即实践中，诉讼代表人的选任、公告等程序耗时费力。第二，公共诉讼摒弃了代表人诉讼制度复杂的内部关系。它通过实施公共诉讼以解决纠纷，同时又能有效地缓

---

① 相庆梅：《我国群体诉讼的类型化研究》，《河北法学》2011 年第 7 期。
②③ 郭雪慧：《群体纠纷解决机制的最新发展研究》，《河北经贸大学学报》2015 年第 2 期。
④ 朱德堂：《集团诉讼制度的价值研究——兼评我国的代表人诉讼制度》，《河北法学》2007 年第 2 期。
⑤ 钱颖萍：《公共诉讼视角下我国群体性纠纷的现实解决路径》，《甘肃社会科学》2015 年第 2 期。

解当事人的诉累。第三，在环境污染以及产品责任事件中常常涉及复杂的专业知识。[①]在我国，当前的经济和社会生活领域法律规范不尽健全，政府的执法水平和公共执法能力有待进一步完善，运用团体诉讼可以弥补政府专业化管理能力不足的缺点，从而扩宽个人救济渠道，以实现社会正义。[②]当然，对团体诉讼机制的适用可以限制在我国公益团体较为成熟的领域，例如妇联、消费者保护协会、环境保护组织等。事实上，民诉法新增的第五十五条规定的公益诉讼就类似于团体诉讼。实践中，也有相关成功的案例，例如“两湖一库”管理局诉天峰化工厂案。[③]但在现实社会中，行政机关作为诉讼原告仍处于发展摸索阶段。因此，可以在完善规范公益诉讼方面做出努力，例如，通过法律规定明确有关部门与社会组织的职责范围，细化诉讼的法定程序和时限等具体事项以增强其可操作性。[④]还可以加强与其他解决机制之间的协调，充分发挥其效用。

另外，当面对大额多数型群体性纠纷时，既可以通过改进我国代表人诉讼程序，又可以引入示范性诉讼等机制予以解决。事实上，代表人诉讼在处理群体纠纷时具有独特优势，例如它可以集合当事人一方以平衡双方的诉讼能力，并且一次性解决纠纷以提高诉讼效率。[⑤]上述可知，一方面，法院运行机制、案件审理模式等因素影响了代表人诉讼制度的功效发挥，而通过改革法院面对群体性纠纷案件时的绩效标准等可有效减轻影响；另一方面，可减少因程序烦琐造成诉讼成本增加等程序影响，以提高代表人参与的积极性。

此外，若法院在审判群体性纠纷时发现案件的个性特征较强，可以把群体性纠纷拆成多个个案，然后挑选其中具有代表性案件，依据既定程序，对焦点问题一一解决，进而，再把后续的具有共性的多个案件整理、合并审理。[⑥]这种示范诉讼程序是通过对代表性的个案先行审理，以解决在群体纠纷中带有共性的事实问题和法律问题，对后续案件的审理引入其示范和指导作用。[⑦]示范诉讼增强了解决诉讼纷争的能力，是解决群体性纠纷的又一有效手段，具有高效率之特点。[⑧]法院对于那些不适用代表人诉讼制度的群体性纠纷，可通过示范案例程序

① 钱颖萍：《公共诉讼视角下我国群体性纠纷的现实解决路径》，《甘肃社会科学》2015 年第 2 期。

②⑤⑦ 相庆梅：《我国群体诉讼的类型化研究》，《河北法学》2011 年第 7 期。

③ 两湖一库管理局是贵阳市为了保护红枫湖饮用水源而对位于平坝县高峰镇的一家生产化肥的化工企业排入未经处理的废水，请求被告立即停止环境侵权，并排除妨碍、清除危险。此案判决确认了行政机构在环境公益诉讼中的原告资格，突破了普通诉讼中原告的限制，是最有影响的公益诉讼案件之一。

④ 郭雪慧：《群体纠纷解决机制的最新发展研究》，《河北经贸大学学报》2015 年第 2 期。

⑥ 汤维建：《群体性纠纷诉讼解决机制论》，北京大学出版社 2008 年版。

⑧ 张有林、庞云霞：《我国示范诉讼制度的构建》，《人民论坛》2017 年第 14 期。

予以处理。据此，目前的中国法律虽然并未规定示范诉讼制度，但事实上，在司法实践上已做出了多次尝试。①

总体上看，我国应多鼓励采用多种集体诉讼的形式以促成和完善多元化的群体性纠纷解决机制。具体看，对于“小额多数”型群体性纠纷应当引入集团诉讼和团体诉讼，以实现高效法律运转和维护法律的严肃性；而对于属于“大额多数”的群体性纠纷，应结合国外的救济机制对中国的代表人诉讼制度进行完善，引入示范案例诉讼制度，促成实践中的群体诉讼以实现法律的公平性。进而，通过灵活运用多元化的集体诉讼机制，采用多元化与类型化结合的方式，最大限度地发挥集体救济机制处理群体性纠纷之重要功能。

第二节　中国反垄断集体诉讼制度之构建

近年来，我国反垄断民事诉讼案件数量不断增加，但均为个别诉讼案件。个别诉讼不能有效弥补分散的众多受害者的利益损失，更难威慑垄断行为实施者。垄断行为侵害的主体广泛，以消费者为原告的个别诉讼往往存在原被告能力失衡、诉讼成本高或偿数额低等问题。而集体诉讼制度兼具维护公共利益及大量小额索赔的私人利益之功能，与反垄断法的宗旨相契合。由此，反垄断集体诉讼制度的引入有利于整合原告力量，平衡原告与被告的诉讼能力，兼顾诉讼效率与司法公正。②

一、中国反垄断法的公共执行和私人执行存在的缺陷

《反垄断法》实施以来，商务部、国家发改委、国家工商总局三大执法机构迅速成为我国反垄断法实施的主力军，不仅肩负着维护受损害者利益的使命，

① 杨瑞：《示范诉讼制度探析——兼论我国代表人诉讼制度之完善》，《现代法学》2007年第5期。例如，在2006年北京朝阳区法院受理了“珠江绿洲案”，针对珠江绿洲小区的几十户购房者诉开发商违约，即未按照合同约定提供市政自来水和市政生活用电，要求开发商履行合同并赔偿损失的请求，朝阳区法院选择一户购房者诉开发商的案件作为实验性案件予以处理，并作出判决。

② 冯博、杨童：《我国反垄断集体诉讼制度的构建与实施》，《中州学刊》2018年第6期。

同时还发挥着维护市场竞争秩序的作用。但公共执行存在着先天性的不足，主要表现在：一是执法机构权力的行使受到严格控制，惩治垄断行为受到制约；二是行政执法程序极其烦琐，效率不高；三是反垄断案件十分复杂，执法需要投入的人力、物力、财力等资源要求极高，而公共资源常常有限；四是无法给予受害者直接赔偿。①

鉴于此，反垄断私人诉讼在垄断法的执行中显得愈发重要。从我国反垄断私人诉讼的立法现状来看，我国《反垄断法》第五十条明确规定当私人的合法权益受到经营者垄断行为的不法侵害时，有权要求经营者依照反垄断法承担民事责任。反垄断私人诉讼自确立以来发挥了良好的作用，处理了很多反垄断民事诉讼案件。但在实践中，反垄断私人诉讼的缺陷也逐渐显现，受害者面对与之实力悬殊的被告常常起诉动机不足，于是，反垄断私人诉讼的实施效果不尽如人意。

二、集体诉讼在反垄断法执行中的作用

事实上，集体诉讼已成为各国反垄断法执法领域中极为有效的方式。为改良传统私人执行的功能缺陷，同时实现与国外法律执行制度的对等，有必要在我国引入集体诉讼，以发挥其在反垄断法私人执行中的积极作用。具体来看，集体诉讼属于民事诉讼，属于私人执行方式，却在一定程度上发挥了类似于公共执行的公益性功能。在反垄断案件中，被告多为在经济实力、律师辅助、信息获取等方面占据优势的垄断企业；而原告则多为经济实力和举证能力较弱的自然人或中小企业。实践中垄断行为侵害的众多受害者既包括消费者、间接购买者等直接利害关系人，也包括消费者、间接购买者等间接利害关系人。集体诉讼制度能将众多间接利害关系人集合起来进行诉讼，为其实现利益诉求提供法律保障，激励其主动求偿，以对抗相对强大的垄断企业，从而更有效地制止垄断行为，使垄断主体提高责任意识。与此同时，还可以更好地提高诉讼效益，使诉讼资源得到最大限度的利用，维护社会的整体利益。②如在高通垄断案中，很多手机消费者都因使用高通芯片而承受了垄断高价，但每个消费者的损失都不大，这些分散的损失额聚合在一起对垄断企业而言却是一笔数额巨大的利润。集体

① 王晓明：《我国反垄断私人诉讼的现状与完善》，中国社会科学院研究生院 2014 年硕士学位论文。

② 王徐菠：《我国反垄断集团诉讼研究》，西南政法大学 2013 年硕士论文。

诉讼制度针对此类较为隐蔽的垄断行为，无须每个成员分别起诉，同时还节约了法律成本、节约了司法资源。[①]

三、中国《反垄断法》中集体诉讼制度的构建

由上可知，集体诉讼制度与反垄断执法的结合能够有效解决市场失灵和政府失灵问题，是运用私人力量实现公共利益的最好方式，将实现理念、功能和目的的契合。[②]在反垄断民事诉讼领域引入集体诉讼制度，推进反垄断民事诉讼的发展，显得意义重大。因此，我国反垄断法中构建集体诉讼制度时，主要应当注意以下问题：

一是有关反垄断法领域引入加入制集体诉讼还是退出制集体诉讼的决策。加入制集体诉讼是指在法律规定的时间内，受害人收到通知后只有明示加入才能成为集体诉讼的原告，只有加入的原告才受案件判决或和解协议约束。由于遭受的损害不易确定、难于举证，并且考虑到参加诉讼需要投入大量时间、精力等成本，所以很多情况下垄断行为的受害人不会明示加入集体诉讼，而更愿意搭便车。[③]选择退出制集体诉讼是指，拟制集体成员包括所有受害人，受害人收到通知后在一定期限内可以决定是否退出集体诉讼，若未积极主动选择退出，判决结果对所有受害人产生法律约束力。

在构建我国反垄断法中集体诉讼制度时，退出制是较为理想的形式。退出制集体诉讼形式才能发挥反垄断集体诉讼机制最大的功效。因为在退出制集体诉讼中，判决不仅对原告方的代表人和参与庭审的当事人有法律约束力，也对没有出庭的原告甚至是潜在原告有法律约束力。其优势在于通过一次性处理众多受害人的诉讼请求，从而避免重复诉讼。实际上，退出制集体诉讼制度与反垄断法的宗旨也是契合的。我国《反垄断法》的宗旨是保护竞争，而不是竞争者。反垄断本身不是目的，而是实现公共目标的手段。公共目标则需要追求总福利的最大化，即资源配置效率的最优化；同时还追求消费者福利最大化。[④]

二是诉前通知程序问题。如果引入退出制集体诉讼制度，则必须确立通知程序。垄断行为侵害的人数众多，受害人只能通过代表人参与诉讼。为保护代表人

---

①③④　冯博、杨童：《我国反垄断集体诉讼制度的构建与实施》，《中州学刊》2018 年第 6 期。

②　冯博、王玥、杨童：《集体诉讼的功能定位与实践应用——以反垄断法领域为例》，《天津学术文库》2015 年。

以外受害人的利益，就需要在集体诉讼制度中设计诉前通知程序，以保证受害人的程序性正当。

三是与其他民事诉讼制度的协调问题。事实上，我国《民事诉讼法》中已确立了共同诉讼制度和公益诉讼制度。这也是我国反垄断法是否需要构建集体诉讼制度存在争议的原因。事实上，它们之间只有各司其职、良性互动，相辅相成，才能形成比较健全的反垄断民事诉讼制度体系。[①]

第三节　中国跨境集体诉讼问题之考量

从集体诉讼制度的发展来看，在某种意义上忽视了跨境集体诉讼中的国际私法问题。故我国跨境集体诉讼中的国际私法问题之思考是亟须解决的问题。

一、中国面临的国际环境

第二次世界大战之后，西方国家市场经济逐步恢复并迅速发展，生产的集约化使得生产企业的规模越来越大，其后果之一就是集团性侵害的出现。在现代社会中，市民日渐被暴露于集团性侵害之下，而单个的市民对于这些侵害没有足够的财力或地位而向司法机关提出诉讼。另外，经济活动的日益集中，致使出现了一些雇佣数千人的、向人们提供物品以及服务的大型生产集团。如此，这些集团作出的决定就有可能同时影响到无数人。[②]

随着经济全球化进程不断加快，跨国公司的出现使得企业的触角伸向了世界各地，于是，跨国界的集团性侵害将不断发生。若一家企业存在损害消费者利益的行为，则可能引发全国甚至全世界消费者的纠纷。同时，一些环境污染事件如有毒物质泄漏事故也可能出现在几个司法管辖权内。另外，多国的集体诉讼成员将在证券、反托拉斯、集体侵权等诉讼中不断涌现。因此，实际上，集团诉

① 冯博、杨童：《我国反垄断集体诉讼制度的构建与实施》，《中州学刊》2018 年第 6 期。
② 王福华：《变迁社会中的群体诉讼》，上海人民出版社 2011 年版。

讼的课题正在向地域性甚至国际性范围扩展。

我国作为世界上经济发展最为迅猛的国家之一，随之，必然与其他国家发生更为频繁的贸易交往，社会经济关系也会变得日趋复杂，而由同一或同类违法损害事件而引起的、涉及人数众多的涉外大众纠纷将不可避免地日益增多且呈愈加复杂之趋势。[①]加之，在我国复杂的法律环境背景下，不仅会面临跨国界的集体诉讼，还必然会面临区际集体诉讼问题。

我国香港的法律中虽有代表诉讼制度设计，但在实践操作中运行效果不佳。香港在有限的代表诉讼制度下又实施败诉方付费制度，其现有条文的僵化导致民事诉讼难以给予社会现状有效的回应。[②]在上述背景下，香港法律改革委员会的集体诉讼小组委员会于 2009 年 11 月 5 日发表了《集体诉讼咨询文件》，其中建议在香港引入集体诉讼机制，并主张引入以退出制为起点的集体制度，即若集体诉讼程序涉及来自香港外的当事人，则应以“选择加入”程序作为预设模式，但赋予法庭酌情决定权，使得法庭在处理案件的特别情形时，有足够的理由采用“选择退出”程序。随后，香港法律改革委员会仔细考量咨询文件的回应后，于 2012 年 5 月 28 日发表报告书。 接着，律政司成立了跨界制工作小组，多次研究和讨论关于报告书的建议，虽至今未有任何实质性进展，却为香港当局政府对该问题的关注指引了未来路向，如此，也表明我国所面临的区际集体诉讼问题的复杂性正日益增加。

二、中国国际私法的立法现状

从世界各国国际私法立法实践来看，其立法模式大致分为三种：一种是就涉外民事关系的法律适用所作的专门性规定，如 1978 年奥地利的《关于国际私法的联邦法》、2006 年日本的《法律适用通则法》；二是将涉外民事关系的法律适用和国际民事程序问题规定在一个法律之中，如 1982 年的《土耳其国际私法和国际诉讼程序法》；三是将涉外民事关系的法律适用、国际民事诉讼程序和国际商事仲裁问题规定于一个法律，如 1987 年瑞士的《关于国际私法的联邦法》。[③]

从我国国内立法来看，中国国际私法未采用法典化的立法模式，国际私法中

① 王福华：《变迁社会中的群体诉讼》，上海人民出版社 2011 年版。
② 胡健：《“集体诉讼”在香港渐行渐近》，《法制日报》2010 年第 1 期。
③ 黄进：《中国涉外民事关系法律适用法的制定与完善》，《政法论坛》2011 年第 3 期。

的冲突法和国际民事诉讼的程序法分别以不同的法律为载体。我国的国际私法立法主要包括《涉外民事关系的法律适用》和隶属于《民事诉讼法》的涉外民事诉讼法编。

首先，从我国民事诉讼法立法看，涉外民事诉讼法作为《民事诉讼法》的一部分内容。新修订的《民事诉讼法》对涉外民事诉讼管辖权制度做了调整，其主要表现在以下两个方面。

一是双轨制向单轨制的变化。双轨制是指对涉外和国内的民事单独管辖权分别立法，加以明确的区分，而单轨制则未做区分。我国《民事诉讼法》自颁布生效以来，一直实行的是涉外与国内民事诉讼管辖权分别立法的模式，但是新民事诉讼法却有向单轨制发展的趋势，将涉外协议管辖和应诉管辖纳入了国内管辖中，在涉外编保留了特殊地域管辖和涉外三类经济合同的专属管辖。①

二是新民事诉讼法关于涉外民事管辖权的规定缺乏科学性。首先，从法条数量上看，从之前的四条删减为现在的两条；其次，在对国内编的法条进行援引时是直接适用还是通过第259条间接适用，新民事诉讼法里没有给出明确的规定。再次，新民事诉讼法关于涉外民诉管辖权的法条编排零散。如一般管辖的条款在涉外编没有进行规定，而是援引国内编第21条的规定，以及第22条第1款作为涉外民事诉讼管辖权的例外规定也被零散地规定了在国内编。

上述涉外案件的管辖权逐步纳入非涉外案件的统一体系之内，出现涉外民事诉讼和国内民事诉讼合二为一的趋势，此种情形确实不尽合理。具体说来，国内管辖权和涉外管辖权对于管辖权的分配不同，涉外管辖权规范的实质是国家与国家对涉外民事案件行使管辖权的分配性规则，而不同于国内民事管辖权规则。②另外，目前欧盟、日本、瑞士等均有独立的国际民事裁判管辖权立法，可见，目前我国立法与这些国家的积极立法有差距。并且，我国法律并没有针对涉外集体诉讼的管辖权规定。

其次，《中华人民共和国涉外民事关系法律适用法》是我国的单行、统一的涉外民事关系法律适用法。它除了一般规定外，对涉外民事关系的主体、婚姻家庭、继承、物权、债权和知识产权的法律适用问题也做了较为系统的规定，但是并未涉及集体诉讼。

此外，根据《民事诉讼法》第二百八十一条和第二百八十二条的规定，我国

---

①② 刘懿彤：《我国涉外民事诉讼管辖权制度存在的问题及完善》，《法治研究》2015年第3期。

对外国判决的承认与执行确立了互惠原则的合法地位，并在司法实践汇总时具体适用了该原则。当前我国适用互惠原则存在的主要问题体现在立法层面和司法层面。从立法层面来看，只有原则性规则，缺乏有关互惠原则的具体适用标准。从司法层面来看，我国法院在互惠原则的适用上，更多的是持一种防范态度。通常我国承认与执行外国判决的一般条件包括：判决是由具有管辖权的法院作出的；判决已发生效力；有条约和互惠管辖；外国判决的当事人已经被合法送达和传唤；承认外国判决不与本国公共秩序相抵触；不存在诉讼竞合的情况。而我国法律并没有对涉外集体诉讼判决承认与执行的专门规定。

三、改革建议

由上可知，无论是我国的民事诉讼法还是法律适用法，均未对多数当事人诉讼即集体诉讼制定专门的法律规定。如此，这将会影响涉外集体诉讼的顺畅运行。因而，可以考虑改革民事诉讼法和法律适用法，为涉外集体诉讼制定专门的国际私法规则。

于我国而言，首先，在涉外集体诉讼中的管辖权方面，涉外集体诉讼要求由某一特定国家的法院集中行使管辖权具有其合理性，而合并诉讼具有以下优点：一是避免判决不一致。如在两个或两个以上的国家提起独立的诉讼，可能会产生内容不一致或结果相矛盾的判决。二是可以降低诉讼成本，提高司法或审判效率。在一国集中诉讼可避免不必要的重复诉讼，减少不必要的费用支出、诉讼拖延以及当事人不便。三是在一国集中诉讼是对原告公正之需要。①但现实中，往往难以实现。我国法院在确定涉外集体诉讼的管辖权时，既要考虑集中诉讼的可能性，又要考虑在内国集中诉讼对当事人是否公正以及是否方便司法，还特别要注意不能滥用管辖权。②

同时，由于现代国际社会尚未发展到可通过一般国际法划分各国对涉外民事案件管辖权的阶段，即各国可以自主地确定本国的民事裁判管辖权规范。于是，国际民事裁判管辖权的积极冲突经常发生。我国可以考虑在管辖权冲突时通过自我抑制和国际间合作中的相互制约以合理行使管辖权，从而促进国际和区际民商事交往的顺畅进行。

---

①② 郭玉军：《多方当事人诉讼中的国际管辖权问题》，《中国国际私法与比较法年刊》1999 年第 2 期。

其次，在集体诉讼程序中的法律选择问题上，则将面临分立主义和统一主义的抉择。分立主义具有简单、明确的优点。同时，其缺点也显而易见，即当法院存在来自不同国家的当事人时，案件处理难以实现。而统一主义要求将案件视为整体而为全体当事人确定单一准据法，这意味着对某些或全部当事人改变本应适用的实体法，仅因诉讼上的便利不能成为间接改变当事人实体权利的理由，但统一主义却能很好地弥补分立主义的不足之处。

实际上，无论是立法者还是司法者都更倾向于适用单一准据法。特别是在实体法差异较大的情况下，在同一个程序中适用不同的实体法，可能对于当事人是不公平的。从消费者诉东芝笔记本案可以看出，我国集体诉讼机制与美国集团诉讼的区别。1999 年 10 月美国两名消费者起诉日本东芝公司，美国法院按照集团诉讼受理了这一案件。两名笔记本消费者变成了 50 万名美国消费者，最后本案以庭前和解告终，东芝公司共支付赔偿金额 10 亿美元。而在我国，面对与美国同期受损的消费者，只是在其相应计算机上加了一些补救措施而已。东芝公司的解释是：美中两国存在法律程序上的差异，美国在民事公益受损方面具有较为完备的规定，使得公共利益能够得到有效和全面的保护，但是中国在这方面的规定相对缺失，于是，便导致同样的侵权，获得完全不同的救济水平。[①]

由上可知，统一主义可能意味着对某些甚至全部当事人改变本应适用的实体法，却能很好地弥补分立主义的不足。从我国目前司法实践看，虽存在分割方法的采用，但其适用率还较低。[②]于我国司法者而言，统一主义合理性要求为跨境集体诉讼制定专门的冲突规则，采用统一主义更为合理。

最后，在判决的承认与执行问题上，可以从明确集体诉讼判决既判力扩张的影响、确立正当程序要求等方面着手予以应对。在集体诉讼判决的承认与执行中，最重要的问题是集体诉讼判决的既判力问题，其集中体现在退出制集体诉讼所获判决对未选择退出成员的既判力影响上。但由于不同国家对此问题所持态度不同，可能会直接影响到判决承认与执行的结果。从我国集体诉讼制度立法看，属于选择加入制集体诉讼，并不认可选择退出集体诉讼。但退出制集体诉讼机制最大的特点则是集体诉讼判决对未选择退出集体成员具有既判力效果，即判决既判力效果可以扩展至未选择退出的所有集体成员。从国际环境看，各个国家对集体诉讼判决既判力效果也尚未达成一致意见。例如美国目前采取的

① 范愉编著：《集团诉讼问题研究》，北京大学出版社 2005 年版。
② 钱振球：《论国际私法中分割方法》，安徽大学 2016 年硕士论文。

是集体诉讼判决既判力扩展至未选择退出集体成员，但它是以正当程序保障为前提；而巴西实行集体诉讼判决既判力的片面扩展，只限制在胜诉的情况下，对未选择退出成员具有既判力影响，并只穷尽其提起集体诉讼的权利；且不妨碍其个人提起个人诉讼的权利；对此，欧盟成员国尚未达成一致意见，仅在《建立欧盟统一集体救济体系的决议》中建议在之后的个人提起的诉讼与在先提起的集体诉讼，不应当被视为具有相同当事人的程序，集体提起诉讼的权利用尽并不影响个人提起诉讼的权利。

在外国法院判决的承认与执行方面，判决的正当程序要求已经成为国际社会的共识。对于退出制集体诉讼判决，要特别注意保证原告的程序正当。程序正当原则在中国法律中体现为“当事人已经被合法送达和传唤”。根据我国代表人诉讼中有关通知程序的规定，只有《民事诉讼法》第五十四条和《最高人民法院民事诉讼法适用意见》第七十九条规定针对代表人诉讼起诉时，被代表的群体尚未确定的情况下，人民法院可以发出公告通知权利人在一定期间内向人民法院登记。具体而言，首先，这里只是规定人民法院可以发出公告，而非强制性的规定；其次，对于如何完成这一重大义务也没有可操作性的具体规定。同时，2012年8月31日通过的《关于修改中华人民共和国民事诉讼法的决定》新增第八十七条是关于电子送达规定。电子送达方式相对于其他送达方式，有其不可比拟的优势。其主要表现为及时性，且大部分可实现瞬间送达，此外，其成本极低，现在各大门户网站都可提供免费的电子邮箱服务，这在很大程度上节约了司法成本。但是，以上规定仍然不具有全面性，并且也未有针对集体诉讼作出的特殊规定。具体而言，涉外集体诉讼中的正当程序要求不仅包括适当的通知，还包括代表的充分性。在代表人诉讼中，通知于案件有关利害关系人是一项重要的义务，也是保障程序正当性的基础，这在各国成熟的集体诉讼程序中已成为共同性制度。通过通知程序，集体成员可以随时了解集体诉讼的进展情况，他们可以在权衡各种利弊后，决定是否选择加入群体，抑或是在认为集体诉讼无法满足其实现个体利益时，选择不加入群体诉讼而另行起诉。若没有集体的通知程序，集体成员可能会错过参与诉讼维权的机会，特别是退出制集体诉讼下，当集体成员没有及时了解案件的重大事项时，也将导致其只能被动接受集体诉讼的裁判结果，而无法提出质疑。这样的集体诉讼是不符合正当程序要求的。另外，集体诉讼中的通知还包括对集体诉讼中未识别的或已识别但未有地址当事人的通知。于是，对适当的通知应当予以明确，这也是影响判决承认与执行结果的关键性之因素。具体来看，适当的通知应当根据不同的情况采用直接送达即个别通知，或是间接送达即公告方式或两者相结合的方式通知。此外，正当程序同样要求代表的充分性，所以，应当提供相应的法律程序以保证代表的充分性。

参考文献

一、中文文献

[1] [法] 亨利·巴蒂福尔、保罗·拉加德:《国际私法总论》，陈洪武等译，中国对外翻译出版公司 1989 年版。

[2] [德] 弗里德里希·卡尔·冯·萨维尼:《法律冲突与法律规则的地域和时间范围》，李双元等译，法律出版社 1999 年版。

[3] 韩德培、刘卫翔:《欧洲联盟国际私法的特征和发展前景》,《武汉大学学报(哲学和社会科学版)》1999 年第 1 期。

[4] 李双元、谢石松:《国际民事诉讼法概论》，武汉大学出版社 2001 年版。

[5] 郭玉军、向在胜:《欧盟〈民商事管辖权及判决承认与执行条例〉介评》,《法学评论》2002 年第 2 期。

[6] 宋晓:《当代国际私法的实体取向》，武汉大学出版社 2004 年版。

[7] 范愉编著:《集团诉讼问题研究》，北京大学出版社 2005 年版。

[8] 黄进、邹国勇:《欧盟民商事管辖权规则的嬗变——从〈布鲁塞尔公约〉到〈布鲁塞尔条例〉》,《东岳论丛》2006 年第 5 期。

[9] 江雅绮:《论欧盟国际私法规则的统一：以国际民事管辖权为例》,《台湾国际法季刊》2007 年第 4 期。

[10] 邹国勇:《论欧洲联盟国际私法的统一化》,《法学评论》2007 年第 1 期。

[11] 陈巍:《欧洲群体诉讼机制介评》,《比较法研究》2008 年第 3 期。

[12] [德] 马丁·沃尔夫著:《国际私法》，李浩培、汤宗舜译，北京大学出版社 2009 年版。

[13] 韩德培主编:《国际私法新论》，武汉大学出版社 2009 年版。

[14] 章武生等:《外国群体诉讼理论与案例评析》，法律出版社 2009

年版。

[15] 杨严炎:《当今世界群体诉讼的发展趋势》,《河北法学》2009 年 3 期。

[16] 吴泽勇:《集团诉讼在德国:“异类”抑或“蓝本”?》,《法学家》2009 年第 6 期。

[17] 吴泽勇:《论荷兰的群体性纠纷解决机制》,《河南大学学报(社会科学版)》2010 年第 5 期。

[18] 吴泽勇:《群体性纠纷解决机制的建构原理》,《法学家》2010 年第 5 期。

[19] 杨严炎:《论公益诉讼与群体诉讼的关系》,《政治与法律》2010 年第 9 期。

[20] 刘学在:《请求损害赔偿之团体诉讼制度研究》,《法学家》2011 年第 6 期。

[21] 刘仁山主编:《国际私法》,中国法制出版社 2012 年版。

[22] 张文亮:《评欧盟布鲁塞尔判决体系的新近发展》,《人大法律评论》2012 年卷第 2 辑。

[23] [比] 卡尔斯特:《欧洲国际私法》,许凯译,法律出版社 2013 年版。

[24] 陈贤贵、周一颜:《新生的“异类”:欧盟成员国退出制群体诉讼发展述评》,《东南学术》2014 年第 4 期。

[25] 何其生:《比较法视野下的国际民事诉讼》,高等教育出版社 2015 年版。

[26] 吴泽勇:《欧洲群体诉讼研究——以德国法为中心》,北京大学出版社 2015 年版。

[27] 乔治·伯曼:《美国集体诉讼与“国际诉讼集体”》,刘禹译,《中山大学法律评论》2015 年第 3 期。

二、外文文献

[1] Christopher Hodges,“Multi-party Actions: a European Approach”, Duke J. Comp. & Int’l L. (2001).

[2] Rachael Mulheron, the Class Action in Common Law Legal System, Hart

Publishing, 2004.

[3] Michelle Parsons, " European Class Action" , South Carolina J Int' l L.& Business (2008).

[4] Rachael Mulheron, Reform of Collective Redress in England and Wales: A Perspective of Need (a research paper for the Civil Justice Council, February 2008).

[5] Christopher Hodges, the Reform of Class and Representative Actions in European Legal Systems : A New Framework for Collective Redress in Europe, Hart Publishing, 2008.

[6] Green Paper on Consumer Collective Redress, COM (2008) 794 final.

[7] The International Bar Association, Guidelines for Recognizing and Enforcing foreign Judgments for Collective Redress (16.10.2008).

[8] the Report and Resolution of the Committee in the 2008 ILA Rio de Janeiro Conference.

[9] Duncan Fairgrieve and Geraint Howells, "Collective Redress Procedures-European Debates" , Int' l & Comp. L. Q. (2009).

[10] J.Stuyck, "Class Action in Europe? To Opt-In or to Opt-Out, That is the Question," EBLR(2009).

[11] Green Paper on the Review of Council Regulation (EC) No 44/2001 on Jurisdiction and the Recognition and Enforcement of Judgments in Civil and Commercial Matters (Green Paper), COM (2009) 175 final.

[12] Report from the European Commission on the Application of Council Regulation (EC) No 44/2001 on Jurisdiction and the Recognition and Enforcement of Judgments in Civil and Commercial Matters, COM (2009) 174 final.

[13] P. Stone, EU Private International Law, Cheltenham, 2010.

[14] Mihail Danov, "The Brussels I Regulation:Cross-border Collective Redress Proceedings and Judgements" , J. Priv. Int' L. (6, 2010).

[15] Christopher Hodges, "Collective Redress in Europe: the New Model" , Civil Justice Q. (2010).

[16] Helene van Lith, The Dutch Collective Settlements Act and Private Intenational law, Maklu Publishers, 2011.

[17] Neil Andrews, "Multi-party Proceedings in England: Representative and

Group Actions" , Duke Journal of Comparative and International Law(11,2001).

[18] European Parliament Resolution of 2 February 2012 on 'Towards a Coherent European Approach to Collective Redress' (2011 / 2089(INI)).

[19] Public Consultation: Towards a Coherent European Approach to Collective Redress, SEC (2011)0173.

[20] the European Commission' s Document Overview of Existing Collective Redress Schemes in EU Member States (IP/A/IMCO/NT/2011-16).

[21] U.Magnus& P. Mankowski, Brussels I Regulation, Sellier European Law Publishers, 2012.

[22] Paul G. Karlsgodt, World Class Actions: A Guide to Group and Representative Actions around the Globe, OUP USA, 2012.

[23] European Parliament, Resolution of 2 February 2012 on "Towards a Coherent European Approach to Collective Redress" , P7 TA (2012)0021.

[24] S.I.Strong, "Regulatory Litigation in the European Union: Does the U.S. Class Action have a New Analogue," Notre Dame L. Rev. (88, 2012-2013).

[25] Astrid Stadler, "The Commission' s Recommendation on Common Principles of Collective Redress and Private International Law" , NIPR (4, 2013).

[26] Geert Van Calster, European Private International Law, Oxford and Portland, 2013.

[27] Elisabetta Silverstri, "Towards a Common Framework of Collective Redress in Europe-An Update on the Latest Initiatives of the European Commission" , Russ.L. J. (1,2013).

[28] Erik Werlauff, "Class Action and Class Settlement in a European Perspective" , Eur. Bus. L. Rev. (24,2013).

[29] Communication 'Towards a European Horizontal Framework for Collective Redress' , COM(2013)0401 final.

[30] Astrid Stadler, "European Developments in Collective Redress" , J Eur. Consumer & Mkt. L. (3, 2014).

[31] Regulation (EU)2015/848 of the European Parliament and of the Council of 20 May 2015 on Insolvency Proceedings (recast), Official Journal of European Union, L 141/19.

[32] on the Implementation of the Commission Recommendation of 11 June 2013 Common Principles for Injunctive and Compensatory Collective Redress Mechanisms in the Member States Concerning Violations of Rights Granted under Union Law, COM (2018) 040final.